季羡林书信集

季羡林／著
蔡德贵／编

長春出版社

图书在版编目（CIP）数据

季羡林书信集/季羡林著. ——长春：长春出版社，2009. 11

ISBN 978－7－5445－1154－4

Ⅰ. 季... Ⅱ. 季... Ⅲ. 季羡林（1911～2009）－书信集 Ⅳ. K825. 4

中国版本图书馆 CIP 数据核字（2009）第 201881 号

季羡林书信集

著　　者：季羡林
编　　者：蔡德贵
责任编辑：张中良
装帧设计：姜旬恂

出版发行：長春出版社　　总编室电话：0431－88563443
发行部电话：0431－88561180　　邮购零售电话：0431－88561177
地　　址：吉林省长春市建设街 1377 号
邮　　编：130061
网　　址：www. cccbs. net
制　　版：吉林省久慧文化有限公司
印　　刷：吉林省吉育印业有限公司
经　　销：新华书店

开　　本：787 毫米×1092 毫米　1/16
字　　数：235 千字
印　　张：12. 5
版　　次：2010 年 1 月第 1 版
印　　次：2012 年11月第 2 次印刷
印　　数：4 000 册
定　　价：28. 00 元

编辑缘起

季老在2007年前后委托我编辑他的书信集，当我在2008年和臧克家先生的夫人郑曼老师提到这件事的时候，郑曼老师大力支持，让她女儿郑苏伊很快找到季老给臧克家先生的书信105封。

季羡林先生一生写过无数封信，学术界流传他有信必回。这样的话，季羡林的书信的数目应该是非常大的。但是可惜的是，我们在《光明日报》由梁枢先生安排刊登了有关编辑书信的消息之后，收到季老的书信并不是很多，其中中山大学的胡守为先生、中国社会科学院的张梦阳先生、台湾的张明先生等，都把自己手中季老的书信复印以后寄过来。但是就是这样，还不能说季老的书信已经收集很全。实际上季老的书信流散在民间的数量仍然是很大的。我们期待着通过这本书信集的出版，会有更多的朋友把自己手中季老的书信复印以后寄给我们。

这本书信集收入季老的书信，最早的是1935年10月4日写给当时的《文学时代》主编储安平的。这是我们发现的最早的书信。最晚的则是让儿子季承代笔，自己签字的给李玉洁的信。

通过这些信，我们可以了解到一些季老生前不为人知的另一面。

编　者

目录

编辑缘起

书信

贺电贺信及其他

书信

致储安平的两封信*

第一封（10月4日自柏林发）

我8月31日离开北平，9月14日到柏林，中间只在莫斯科留了一天，下去随便看了看。因为领导的人是俄政府派的，我们又不能随意乱跑，所以我们的参观是被动的，只参观被指定参观的几个地方，实在乏味得很。

俄国人民是好人民，个个都有朝气。政府却是个怪政府，只在对旅客的待遇上，就可以完全表现出来。他们似乎特别不欢迎旅客，签护照就难，向你要许多钱，然而还是不痛痛快快地签。入境以后随处加以限制，使你没有自由。在俄国境内，外国人只能用美金，在莫斯科有几个秘密的地方，每块美金可以换到40卢布，然而我们用的美金，每块却只能当一个卢布。我们倘若用卢布，被发现了要入监狱的。在火车上，我向一个小孩买过一个松子，西伯利亚树很多，松子遍地是。然而一经Intourist的手却用了两毛美金。在莫斯科吃饭的价钱，说出来更骇人听闻，为什么他们这样做呢？俄国政府真有它的怪劲。

到柏林，另是一种风味，人们见面打招呼，把手一举，只说一句：Heil Hitler!

柏林是以清洁著称全世的，也的确真清洁，每一条街旁都有树，道路都像洗刷过的一般，从灰城的北平走到这里来，有说不出的清凉的感觉。

我自己忙得很，一方面要到各处去接洽入学领钱等等的手续，一方面还要念德文。在国内读了四年德文，完全是书本上的死东西，到这里才知道还有活的语言。

我大概在柏林住到10月底，11月初德国大学才开学。我预备到哥廷根大学去，因为那个地方大学老，风景好，学文科最适宜。

在半个月内走了几万里路，几个国家，这是我生平最长的一次旅行。我遇到了种种意想不到的事情，看到了种种意想不到的人，同时还有许多令人悲喜交集的困

---

* 储安平（1909～1966），江苏宜兴人。20世纪40年代中期，储安平在上海办《观察》的时候，季羡林是封面底下列名的78位“撰稿人”之一。

难，终于平安到了柏林。我有许多文章要写，但因为想要学的东西太多，只好暂且储存着，等将来写。异邦寂寞得很，希望抽暇写信给我。

弟　羡林

1935 年 10 月 4 日

第二封（12 月 3 日自哥廷根发）

信早收到，我现在已经不在柏林了。我在柏林一共住了一个半月，从没有看过半块真正蓝的天。在这样棕色的空气里，我再也活不下去，上月才转到哥廷根来。

哥廷根是个有趣的地方，虽然小，然而有它的妙处。你随处都可以发现中世纪留下来的古老的教堂，让风雨剥蚀得黑黑的，这黑色就能告诉你它自己的历史。看样子已经老得一塌糊涂了，但却依然屹立在北德在深秋里特有的淡蓝色的长天下。高得有点古怪的尖顶就直刺着这长天，仿佛把你的心都能带上天去。

在这样的环境下，生活当然比柏林要好。但在这样的环境下，我才第一次尝到从来没有尝过的寂寞。这里中国学生很少，也都不常见面。每天出出进进只是我自己。除了到大学去上课以外，我便一个人呆在屋里，让幻想四下里飞。我读的是德国文学，同时也选了希腊文同拉丁文，因为我对古典文学早就有兴趣，每天同死去了几千年的文字拼命，也能把时间打发去一部分，在寂寞中得点安慰。我真想故国，想故国里的一切，但自己既然挣扎着要出来，现在居然出来了，命定了要受寂寞的折磨，还有什么话可说呢？

离开了中国以后，确乎看到了许多东西，得到了许多感触，时时要想写点东西出来。最初因为生活不安定，没能写得成，近来生活安定了，但又有许多书要读，而且满脑袋里填满了拉丁文单词，搅乱得七乱八糟，仍然写不出东西来。上星期日对着稿纸坐了一天，但脑袋里一会儿想到故国，一会儿想到头一天听过的堂课，一会儿又想到应该写封信，任着幻想飞来飞去，一天也没写出一行来。你既然要我写点东西，当然得写。想来想去，只好在百无聊赖中仓促地写成的一篇不成东西的东西寄去应命。倘若不能用的话，丢到字纸篓里好了，这玩意儿也不值得保存。里面写的虽是不关重要的一件小事，但也可以看出初到外国时的傻相，同刘姥姥进大观园可以先后媲美了。

过一个期间，心情稍定后，仍然要试着写点东西的。我希望你能把《文学时代》按期寄给我，使我在万里之外也能分到一份欢喜。

弟　羡林

1935 年 12 月 3 日

季羡林等25位教员致毛泽东、朱德的信*

毛主席、朱总司令暨人民政协全体代表先生：

人民政协开幕了，中华人民共和国成立了，这表示中国人民将永远成为自己的主人，中国历史将走向一个同以前绝对不同的新的方向，我们现在用无比的热诚来庆祝。

参加政协的六百多位代表，代表不同的职业、不同的社会阶层，还代表不同的宗教信仰、不同的民族，他们对人民政协组织法、中央人民政府组织法和人民政协共同纲领，当然也从不同的立场和观点上来看；但他们对这三大文件一致地表示热烈的拥护，这证明这三大文件真正可以代表全国广大人民的要求，我们决心用行动来拥护这三大文件！

我们都是研究东方语文的，我们系里的教员和同学，有的民族不同，有的信仰不同，我们最关切的当然是民族问题，共同纲领里明确地规定了民族政策，规定了：中华人民共和国境内各民族一律平等，实行互相团结，反对以前的大民族主义和狭隘的民族主义，禁止民族间的歧视，各少数民族都有发展其语言、文字，保持或改革其风俗习惯及宗教信仰的自由。我们一致认为这规定完全正确，完全合理，我们更要特别地用行动来拥护这正确政策！

对伟大的人民领袖毛主席我们致无上的敬意，我们永远在他的旗帜下前进！

北京大学东方语文学系教员

季羡林、马金鹏、张礼平、傅佑弼、马学良、杨荣柱、李启烈、黄敏中、王世清、昌瑞颐、郭应德、李森、秦森杰、凌瑞拱、陈炎、刘麟瑞、彭正笃、陈玉龙、陈干祥、袁有礼、殷洪元、赵琪竹、马超群、刘德裕、金克木、马坚。金克木，另外与郑昕、刘心铨、向达、樊弘、容肇祖、周作仁、赵乃抟等有另外的信。

---

* 《人民日报》1949年10月4日刊载，并作了报道：国立北京大学东方语文学系季羡林等25位教员联名向毛主席、朱总司令暨人民政协全体代表写信祝贺，庆祝中华人民共和国的成立，并表示完全拥护人民政协三大文件，特别是其中关于民族政策的决定。

致子开先生的信*

子开先生：

兹介绍民族事务委员会木提义先生、北京大学东语系李森先生，前往查书。请分神帮忙。此致

敬礼

季羡林

1950 年 7 月 11 日

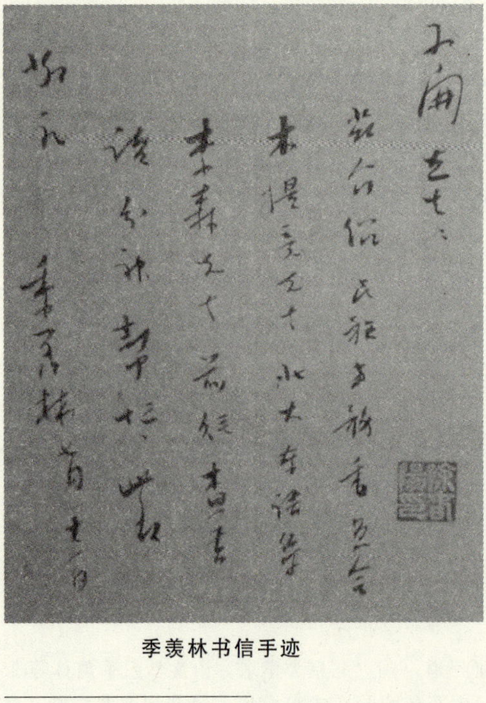

季羡林书信手迹

---

* 子开先生，疑为李德启，生平不详。

致刘大年的信*

一

大年同志：

冯家升[①]先生的论文[②]已阅过，文字方面有些不妥当的地方，冒昧加以改正。排印后一定要请冯先生自己再校阅一遍。特别是畏兀儿[③]文部分，很多地方，冯先生写得不清楚，不经他自己校阅，恐怕会出很多错。此致

敬礼

季羡林

1953年12月29日

二

大年同志：

久未晤，甚念。今年人大常委会还没有安排暑期休养办法。去年庐山之游仍在记忆中。

经国家教委批准，中山大学准备为陈寅恪先生举行纪念活动（国际学术讨论

---

* 刘大年（1915～1999）曾任中国社会科学院历史所研究员。

① 冯家升（1904～1970），时任中央民族学院教授。

② 指冯家升发表在《历史研究》创刊号上的《元代畏兀儿文契约二种》一文。

③ 畏兀儿，今译维吾尔。

会），在安排执行主席团名单时，我推荐了你，想你不会拒绝[①]。

在中国史学界陈先生有特殊建树，在《历史研究》初创刊时，他也发表过文章。你是中国史学会执行主席，又是《历史研究》老主编，没有你的名字，这个执行主席团不能算是理想的。我还想到，能否通过中国史学会向社会科学院或其他有关机构申请一点经济资助？因为开一个国际会议，太寒酸了不好。请你考虑一下。

希望今年能在某个休养的地方见到你。即请

暑安

季羡林

1987 年 7 月 18 日

三

大年同志：

久未晤面，渴念殊深。

陈寅恪先生纪念学术讨论会定明年五月举行，通知想已收到。

你同社会科学院谈的结果如何？最好能以中国史学会的名义加以资助。现在已将届，社科院能不能在今年内拨一点钱出来？

十三大闭幕后，人大常委估计会开会的。敬祝

近安

季羡林

1987 年 10 月 29 日

四

大年同志：

我因为眼睛闹病，这一次常委会我请假了。

陈寅恪先生纪念大会今年五月召开。中国史学会准备资助的钱，社科院去年已

---

① 刘大年参加了 1988 年纪念陈寅恪国际学术讨论会，并在开幕式上发言《一个历史学家的地位》，后载《光明日报》1988 年 6 月 29 日。

经答应，现在已经是1988年的第一季度，时间不多了。请你同社科院领导同志，包括胡绳[①]同志在内，联系一下，尽快拨付中山大学校长办公室胡守为副校长。我们现在办事情非常困难。

你的身体怎样？希望善自珍摄。敬祝

近安

季羡林

1988年1月16日

---

① 胡绳，时任中国社会科学院院长。

致关德栋的信*

德栋兄：

手示奉悉，正如您所说的，目前我的确是很忙，除了学校的工作外，外面工作也很多。今年十月又到德国去了一趟，这是今年第二次出国了。

研究工作，很少有时间来搞；目前仍想在中印文化交流方面做一点工作。

《梵文初步》的确印过，但是现在北大出版部早已与北大脱离关系，这一批书不知流落到什么地方去了。李德启先生仍在北京图书馆。

余再谈，即祝

近安

弟　羡林

1955 年 11 月 8 日

* 关德栋（1920～2005），曾任山东大学文学院教授。

致刘永泰的信*

永泰：

来信收到，我们大家都为你走上现在这一条路而高兴。

当一名人民解放军是极其光荣的事情，应该随时随地严格要求自己，好好听党的话，努力学习，提高自己的思想觉悟与业务水平，我们相信，你会做得到的。

昨天你五舅全家到我们这里来玩，他也看了你的来信，也感到非常高兴。

我们都很好，请勿念，你如果需要什么东西，请写信告诉我们，我们给你寄来。

希望好好注意身体。

问

好

三姨夫　季羡林

1962 年 8 月 7 日

---

* 刘永泰，山东省著名画家。

致臧克家及其家人的信*

一

克家：

你托姚学吾带来的信，我最后托人到他家去要，终于看到了。昨天又收到你的第二封信。

你的问题，还没有批回来，那就等吧，也只有这样一条路，有些事情是不以我们自己的意志为转移的。

林庚和组缃倒是常见面，他们都还好。恭三①也在路上遇到过。杨晦据说眼睛瞎了。不知确否，姚冬是半神经病。

我教的英文课已经结束。现在只有一堂印度史，领导上又要让我搞梵文和巴利文。我对此心有余悸。上上下下现在又忽然强调梵文和巴利文的重要性了。我即使不搞梵文和巴利文，但总不能闲着，我决不能白吃人民的小米，总希望能竭尽自己的力量为社会主义做点事情。

我希望你能很快回到北京来。这里在很多方面还是缺人。祝

好

郑曼代致意。

羡林

1972年9月12日

---

* 臧克家（1905～2004），山东诸城人，中国现代诗人。

① 恭三：邓广铭（1907～1998），字恭三，中国历史学家。

二

克家：

来信收到。

你终于得到“解放”，衷心向你祝贺。

现在的任务就是养好身体，再干一番。杜甫说：“人生七十古来稀”，但是现在已是“换了人间”，这句话不完全对了。现在我们听到某某人年过七十，丝毫不以为奇，年过八十，也不感到震惊，年过九十，才感到有点老意。因此，像你这样的岁数，言“夕阳无限好，只是近黄昏”还远得很哩，打个比方，就说是下午二三点钟的太阳吧。

我渴望不久就在北京见到你。

代向郑曼致意。

祝

康吉

羡林

1972 年 9 月 21 日

三

克家：

我们全家将于本月 19 日（星期日）上午 11 点前在北京展览馆餐厅等你们。请你们务必都来。你们可以在 10 点前从家里动身，到北京站乘三路无轨直达动物园。交通还算是比较方便的。但愿那一天天气好。在动身前，请你好好休息一番，最好起床晚一些，以便养精蓄锐，做这个“长途旅行”。

郑曼、小平、苏伊都代致意。

祝

康吉

羡林

1972 年 11 月 15 日

为了节省你的时间和邮票，不必写信给我了。

四

克家：

郑曼和你的来信，都已收到。

今天我们全家还是到北京展览馆餐厅去了，因为同他们已约好。除了我们这一伙子以外，还有我们的亲戚叶宁（搞舞蹈的），她又约了常书鸿。我同常已有多年没见面，晤谈甚乐。但缺了你们一家，大有“遍插茱萸少一人”之感了。正如你所说的，来日方长。只要身体健康，留得青山在，不愁没柴烧。我们今后要多多见面。

请向郑曼、小平、苏伊致意。务必善自珍摄，要“劳逸适度”。主席对王观澜说：得了病，要既来之，则安之。这是对待疾病的唯物主义的正确态度。我们要好好体会。

即祝

健康

羡林

1972年11月19日晚

五

克家：

刚才看到来信，我并没有接到你十日前发的信，岂被洪乔投向石头城下耶？

今年招生的事情，前不久才开始准备。据说科教组有通知，招生资格是锻炼二年以上的知识青年，这一条小平是合格的，自己报名，领导推荐，然后再考试。据说题目全国统一。至于在什么地方招生，现在还不知道。“招生大员”更谈不上。我看，不妨试它一下，“说不定哪一块云彩有雨”。

近两天碰到林庚和组缃，当然会请到你。组湘要去看你，我已把你的地址告诉了他。我早就想约你出来玩一下，但想到你的身体，又不敢尝试。

《印度佛教史》已开始搜集资料。有人问我用多少时间，我答以“十年”，而且要全力以赴。现在看来，写点像样的东西，非有时间不可。以前搜集的材料已荡为云烟，现在一切从头做起。十年能完成，就很不错了。

我已从王宏伟处听说郑曼回来了，请代向她致意。苏伊也请代为问好。

祝

健康

羡林

1973 年 5 月 31 日

六

克家：

来信收到。

那药名是 719 胶丸，无锡蚕蛹化工厂出品，主治肝炎，也适用于血脂过高及动脉硬化等症。脉通也治动脉硬化。

今天天气实在惹人喜爱。我窗外就是一座小土山，开满黄花。估计再过一两周，西山枫叶就要红了。“停车以看枫林晚，霜叶红于二月花”。这景象不是非常迷人吗？但可惜的是，你我恐怕都力不从心了。

祝

健康

郑曼和孩子均代致意。

羡林

1973 年 10 月 14 日

七

克家：

信收到。

你的诗写得很好。我本来有一大套关于旧诗的“理论”要发表，所以总想找一段比较长的自由时间，但不幸最近实在忙。教育革命高潮已到，我自己还有些别的事情，所以长信写不出。今天只能写一封像兔子尾巴似的短信，向你道歉，长信只好等将来了。

秋风多厉，望善自珍摄。

祝

好

郑曼、苏伊代致意。

羡林

1973 年 11 月 2 日

八

克家：

今天下午参加全校批林批孔大会，同林庚先生一起，我们当然会谈到你的。刚一回家，看到你的来信，可说巧极。

我们现在极忙，天天批林批孔，我参加过两次学习班，又参加系的大批判组。

最近喘病未犯，但动脉硬化则似有发展，左耳日日夜夜听到知了鸣声。在漫天大雪之中，仍然听到窗外满树蝉鸣。王维诗句：临风听暮蝉，不过瞬间之事，我则时时如此。昆明一带流传着两句话：四时皆是夏，一雨便成秋。我现在确实是四时皆是夏了。

你有意约游中山公园，很好。待到牡丹开时，一定遵约前往。

你的身体怎样？郑曼、苏伊都好吗？

祝

好

羡林

1974 年 4 月 23 日

九

克家：

信收到。我万没有想到你也为“梅涅尔氏”所祟。既然已能小步院中，可见距完全恢复之日已不远了。

我们现在又忙了起来。“五一”、“五四”、“五七”一个节日跟着一个节日，光放假休息，我并不反对，但每个节日必开会，有时会的内容并不精彩，却是有点伤脑筋。

“五一”我曾到颐和园游园，看到那里芍药已开，牡丹未放。现在又已隔了几天，不知道怎样了。

从明天起，我们系停课学《哥达纲领批判》，这是一部伟大的著作，可惜中文译本有的地方有如天书。我弄到了德文原本对了一下，并不如此。这样的译本不知为何竟能出版！

希望你好好休养。牡丹看不成，还可以看荷花。荷花看不成，“待到重阳日，还来就菊花”。即使连菊花也看不成，不是还有梅花吗？这样一想，就知足常乐了。

郑曼、苏伊代致意。

祝

好

羡林

1974年5月5日

十

克家：

信收到。姚冬先生病逝，我已有所闻。中（？）年早逝，令人悲悼不已。

你现在每天低烧，应加注意。但是对于医生，我也没有信心。往往奔波度日，而一无所获。医生头脑里形而上学和唯心论看来还是不少的。郑曼浮肿，更应重视。你说她“极忙”。这对于浮肿是很不利的。患浮肿的人，恐怕还是少忙一些，更为有利。

我现在还好，能吃能睡，只是心脏有点问题，左肋里面时时作痛，到三院去检查了一个上午，医生说，我痛的地方不够典型。按照他的逻辑，我生病应该按照他的书本去生，否则就是不“典型”。

我也积极参加批林批孔，只是水平不高，徒唤奈何。此外仍然搞佛教史和《罗摩衍那》，我现在已无什么大志，只是积习难除，除了对付书本以外，我毫无所能，也毫无所爱也。

郑曼、苏伊代致意。祝

健康

羡林

1974年6月16日

十一

克家：

信收到。

我现在比较忙。昨天下午学校举办的儒法斗争历史学习班结束。我也参加了，学习了两个礼拜。收获当然是有的。但是身体有点吃不消，每天三段，九个小时。(来回六趟，每趟三里)，我还要步行十八里，颇感疲倦。

我身体不好，但清规戒律也多了起来，处处提防胆固醇。但是“尽信医，则不如无医”，医生的话，我也只听百分之五十，否则，就活不下去了。我看，现在的医生（中外都在内）形而上学唯心论还多得很，不能让他们牵着鼻子走。

林庚前些日子休克过一次，医生检查，说是没有病。没有病，怎么会休克呢？这就是形而上学唯心论一个证明。

明天开始，又比较“自由了”。我们想继续念印度史诗《罗摩衍那》，还想把《印度近代史》讲稿写完。过几天，有机会，我一定来看你。不过我们这个学习班一个接一个，能否如愿，殊不以我们主观意志为转移也。

代向郑曼、苏伊致意。

祝

健康

羡林

1974年7月7日

十二

克家：

来信收到。

你又生病，极以为念。近来想已痊复。

自立秋以来，我又陷入一年一度的“枯草热”中。今年来势颇猛，流鼻涕，哮喘发烧，三管齐下，狼狈不堪。在床上躺了十几天，最近两周来，勉强出门行动，从我住的地方到教研室，简直就像长途跋涉，路上要休息四五次之多。最近几天来，大有好转。第一次冲击，大概就要结束。第二次冲击来不来，什么时候来，目前无法肯定。“烈士暮年，壮心不已”。我目前剩下的仅有这“壮心”了。

我参加了系里的大批判组，天天也在学习儒法斗争的历史，谈一些法家著作。此外还在读《罗摩衍那》，写《印度近代史》。

林庚久未见面，你定了时间以后，我会通知他。

你我身体虽然都不算好。但是根据今天的一般水平，我们活八十岁，都不成问题。这是第一车站，第二车站就是你所说的“寿登九十高峰”了。

照片找到后一定送给你。我当然也希望有你的照片。代问郑曼、苏伊好。祝
康健

羡林

1974年9月16日

十三

克家：

来信收到。

你的照片很好。我也找出来了一张，寄给你。我这张是军装不整，表情奇怪，摄影艺术也不高，但是“黄河之水天上来”，因为是在黄河边上照的，所以也就有点值得纪念的意义了。

我最近喘势渐趋平稳，走路也不像以前那样吃力。估计等到你约我们赏菊时，我的精神又会抖擞起来了。

郑曼、苏伊都代致意。

祝

健康

羡林

1974年9月20日

十四

克家：

信收到。

同你预料得正相反，我身体亦不行。最近又卧床八天，昨天刚起来。据说是流感，有人又说不是，反正人已经起来，不去分析考证了。

组织生活已经恢复了很久。有人硬要按照他们定的调子让我跳舞，我豁出了党籍，硬不检查，我终于胜利了。生平快意事，此为第一。聂元梓已定了反革命516分子，但她的徒子徒孙仍在横行霸道！

我最近仍在写《印度近代史》，翻译《罗摩衍那》，完成工作量之多，文革前十年也比不上。过去东奔西跑，为他人作嫁衣裳，简直是浪费生命，等于自杀，对人民一点好处也没有。近来乌纱帽又有点在头边飞，我已下定决心，大小官决不再干。

黄花未赏，严冬已到。北京没有什么梅花可赏，看到要赏花只有等到明年春天了。

代向致曼、苏伊问好。祝

健康

羡林

1974年12月9日

十五

克家：

来信收到。

我本来想在元月一日给你写回信，但是那一天来了许多人，没有写成。

又过了一个新年。我现在对时间的逝去已经无动于衷。这也许是一件好事，它说明我读书“养气”，已经大有收获。但也许是一件坏事，它说明我的神经已经麻痹。

北大现在严格实行坐班制。每天登记考勤。事假、病假都很严格。又是扣工资，又是批评。教员都想不通。估计不久就会松下来。我真羡慕你的情况。

我现在没法来看你。我争取春节来。

请代问郑曼、苏伊好。

祝
健康

羡林
1975 年 1 月 3 日

十六

克家：

来信收到。

我们学校今年没有寒假，春节放假三天。我已经很久很久没有进城了。因为我视公共汽车（电车）为畏途。前不久听说科学院办公厅主任，一个革命几十年的老干部，竟在公共汽车上连挤加气，一命呜呼。我更不敢出门同革“命”的青年挤汽车争一日之长了。

但是春节我已下定决心来看你，因为不给你拜年，好像一年的任务都没有完成。时间可能是正月初二上午。我只能呆很短的时间，因为十一点前在动物园有约会，我还要赶回来。我这个计划的理论根据就是上面谈到的那些。也可能实现不了，请你不要等我。

今天就先写到这里。郑曼、小平、苏伊都代致意。祝
健康

羡林
1975 年 2 月 7 日

十七

克家：

在劳动佳节中，得来信和诗，真是天大的乐事。

对你的旧诗，我不敢信口雌黄。倘有机会，我倒是想多读几首。

听说袁水拍同志已就任文学艺术研究所所长。东语系卞立强（党员）同志对日本文学有研究，曾译不少小林多喜二的作品。东语系这个地方几乎是人人思散，矛盾重重，老卞也不想在这里久呆。如果文学艺术研究所需要这方面的人，他很想换

一换工作岗位。你如见到袁水拍同志，是否可以同他谈谈？

五一节放假二日，我都呆在家里。此地有小山丛树，野花修竹，浓绿扑窗，暗香透壁，躺在破藤椅上，随便翻阅杂书，信可乐也。

郑曼同志想已归来，请代问候。苏伊也请代致意。她这样练队，也够辛苦的了。

即祝

健康

羡林

1975 年 5 月 3 日

十八

克家：

信收到。

没想到你竟进行得这么快。袁水拍同志也只能这样答复，因为一个人决定事情，在他那个机关里，恐怕也是不可能的。卞立强托我，我又转托你，我们都算是尽到了“为朋友谋而忠”这个古老的教条。这是孔老二的大弟子曾子三省的内容之一，如果我没有记错的话。

最近新疆博物馆又派人来找我谈一些古老语言的研究问题，此事我已洗手不干三十年了。我殊无意，也没有这个精力再搞那玩意儿了。

郑曼同志、苏伊代致意。

子野同志也请你代为致意。我真想看到他。我们已经有十几年没有见面了。

祝

健康

羡林

1975 年 5 月 8 日

十九

克家：

信收到。

好久没见来信，我有几次想到你的健康情况。我的猜想不幸而中。幸喜你已经走上逐渐康复的道路。希望你遵照毛主席的教导："既来之，则安之"。

北大正在大跃进。各个单位都是反复动员。来势颇猛，但是据我看，行动还没有完全跟上。反正暑假已经取消。

等到酷暑稍过，我会来看你，但是决不违反医生规定。我只在你这里呆十几分钟。

请你向郑曼同志、小平、苏伊问好。

祝

健康

羡林

1975 年 7 月 21 日

二十

克家：

信收到。

春节期间，我只去看了两个人：一个是你，一个是张天麟，他正在患严重的心脏病。此外就是呆在家里，基本上无来无往，清静了几天。

《北京日报》的那一篇是以前写的。这次发表，时过境迁，只好略改题目，最后又加了一条新尾巴。不知内情者，很难看出其中奥妙。

你的意思是正确的：我们现在不急于写文章。我一辈子舞笔弄墨，现在却最不愿意写东西。但像你说的那样政治任务，却无法推脱。

注意你的身体，一过春节关，就应该好好地休息一阵子。

请代问郑曼同志和你全家致意。

祝

健康

羡林

1976 年 2 月 6 日

二十一

克家：

来信收到。

我现在比较忙。传达了主席的重要指示，正参加学习班，领会讨论。

主席指示要学点哲学史，读点鲁迅。他提到，可以看杨荣国《中国古代思想史》和《中国简明哲学史》（修订版）。也提到冯友兰的《论孔丘》，但是说冯天瑜的《孔丘教育思想批判》比冯友兰的书好。

你病不少。这是客观存在。但是人定可以胜天。春天到了，希望你多活动活动。散步对心脏病有很大好处。

你的建议我完全拥护。我的意思，也要邀请长之，他的问题既然已经解决，我们就要另眼相看。

请代向郑曼同志、苏伊致意。

祝

健康

羡林

1976年3月11日

二十二

克家：

久未通函，不知你最近身体如何，极念。

我们学校自然是忙。每周学习时间，积累起来，共有八段（上午、下午、晚上各算一段）之多。

我很好。现在忙于搞新疆出土的古代语言文字。一无资料，二无时间，只是觉得这个工作很重要，不得不搞而已。

我接到厦门大学《两地书》注释组来的一封信，谈到《两地书》一三四封中，许广平的信中说："昨日又收到季先生由巴黎寄来的木刻画集两本"。他们问我，是不是指我？这不是指我，但我又不知道指谁。可否请你顺便问一下曹老（靖华），我想他会知道的。

请向郑曼同志、苏伊致意。

祝

健康

羡林

1976年4月23日

二十三

克家：

既然曹老也不知道那位“季先生”究竟是谁，我就无法可想，已复函厦门大学《两地书》注释组。

今年春天，气候有点反常。冷的时间比往年要长。前几天才勉强算是转入初夏，然而昨天又刮了一场狂风，颇有一点儿薄被不耐五更寒之意了。

我身体还好，只是开会很多。我现在仍然搞新疆出土的古代语言残卷。据历史博物馆和文物局的同志们说，乌鲁木齐博物馆的残卷即将调来北京，要组织一些人搞一搞。

你身体最近怎样？倘能散步活动，还是多活动一些为佳。

请代向郑曼、苏伊致意。

祝

健康

羡林

1976年5月12日

二十四

克家：

来信收到。

你搬动花盆扭了腰，不知现完全好了没有，极念。上了点年纪的人，处处都要小心。

我没有犯喘，而是皮炎大发作。古人说什么“癣疥之疾”，好像算不了什么。我现在才知道，癣疥之疾折磨人的程度，比其他病都厉害。它弄得人终夜（日）神魂不安，虽然不至于去见马克思，但滋味不好受。

七一社论发表以后，现在又忙了起来。过去也没有闲过，不过现在更忙而已。

如果小平和苏伊都能留在北京，这是一件好事。你身体不好，确实需要有人照顾。

恭三、组缃多日未见。路上遇到林庚，他爱人摔断了腿，住院多日，他颇有些狼狈相。

请代问郑曼同志、苏伊好。

祝

健康

羡林

1976 年 7 月 3 日

二十五

克家：

来信收到。

最近生活在非常状况中，晚上值班，白天还要参加学习班，再加皮炎和湿疹的折磨，所以没能立刻写信给你。

唐山地震，波及京津，北京受害比较轻微，只是郑曼同志的病情，颇令人担心，但愿一切顺利，是“良”非“恶”，算是一场虚惊，如秋风过耳。

我们仍然住在室外。但是我一向麻痹大意，我仍然觉得有些地方未免紧张得过火。党和国家，关心人民生命，这一点是无论如何也要承认而且感激的。

什么时候抗震结束？众说纷纭。关于地震的预报，也是百家争鸣。所有的学说，我都以姑妄言之姑听之的态度处之。否则，就会引起一些不必要的思想波动。

祝你们全家都好。祝

健康

羡林

1976 年 8 月 13 日

二十六

克家：

信收到。

我原想在国庆节的三天假期内来看你。但是第一天忙于开座谈会。第二天来了客人。今天是第三天，又被临时急事阻拦。我只好写这封信了。

你信里谈到许多情况，我读了都很高兴，只有一个情况，原来是"且听下回分解"，现在到了下回了，分解却看不到，这就是郑曼同志的病。她检查的结果究竟怎样？

你的身体又不好，也很使我担心。

我总想设法打破一年一度见面的老例，去年打破了，今年已经到了十月，还没实现。照这样的老例，我们究竟还能见多少次面呢？我并不是伤感，生死是宇宙规律，我毫不在乎。但今年，一连三个最主要的领导人先后逝去，我不由得就想到了这些。

我身体很好。皮炎已几乎完全好了，秋季气喘犯得不厉害，而且好像已经过去。我现在主要看有关印度佛教的材料，准备写一部《印度佛教史》，好多人都希望我干这件工作。

郑曼、小平、苏伊都代致意。祝

健康

羡林

1976 年 10 月 3 日

二十七

克家：

函悉。你想邀恭三和我到你家会面，实获我心，我在这里恭候佳音。

多少年来，我奉行的是"关起门来朝天过"的哲学。恭三、组缃、林庚，虽然同在一校，有时候半年或者更长的时间，才见面一次，而且多半是邂逅于途中。这种哲学，我还想奉行下去。

你的《七十一周岁寄友》，我觉得很好。这种精神境界是很高的。古来好多人都看不破生死关，此江淹《恨赋》之所以千古传诵也。我们现在多少是有了点唯物主义，有了点辩证法，寿夭亦自然现象，不必多所考虑，而况“人生七十古来稀”，你现在作《七十一岁寄友》，我还希望看到你的《八十一岁寄友》哩。

请代向郑曼同志、小平、苏伊致意。

祝

康乐

羡林

1976 年 10 月 10 日

二十八

克家：

函悉。

新年即将来到，向你表示祝贺，向郑曼同志、小平、苏伊祝贺。四害已除，普天同庆，祝你们在 1977 年内身体更加健康，工作更加带劲。

过了六十几个新年，连惯了，连以前偶尔有的叹老伤逝的感觉也没有了。宇宙间本来就是如此，新陈代谢。

长之来，长谈颇欢畅。解放后，我同他基本上没有怎样见面。

我现在仍然钻研大藏经，看有关印度佛教史的材料。问题钻得稍稍深入了一些，就觉得自己以前是何等的肤浅。

刘白羽等老友得到解放，心里感到十分愉快，我因此就愈加憎恶“四人帮”。

最晚至旧历年，我一定来看你们。

祝

好

羡林

1976 年 12 月 30 日

二十九

克家：

现在让我的外甥常永德给你送来点他从山东家乡带来的土产。这不是什么稀奇的东西——辩证地看，其中也许还有一点稀奇性——，不过是一点家乡风味，可以稍增欢度春节的兴致。

我明天上午来给你拜年，这点东西我本来可以自己带来，但因为还要到别的家去，带着似不方便，所以今天先请他送来。

明天见，请向郑曼同志、小平、苏伊致意。

羡林

1977 年 2 月 17 日

明天中午，我们还另有约会，不能去你家吃饭，请不要准备。

又及

三十

克家：

函悉。

你的小姊姊，我曾在你家见过几次，留给我的印象是诚悫朴实。年未花甲，骤尔溘逝，也令我悲哀。解放后，学了辩证法，知道新陈代谢是宇宙间不可抗御的规律，我对生死早已无动于衷。“自古皆有死，莫不饮恨而吞声”，那是封建社会文人的哀鸣。今天我们，当然有所不同。只要能活一天，我希望能做一点力所能及又有益于人民的工作，死了拉倒——如此而已。

上次见面时，看到你身体健康，精神抖擞，我心里暗暗高兴。活人比死人重要，死者已矣，希望我们这些活着的人，加强锻炼，努力工作。

祝郑曼同志、小平、苏伊健康愉快。

羡林

1977 年 3 月 10 日

三十一

克家：

来信收到。

知道你一切都好，甚慰。要打起精神，再活上二十年，为人民多做点事，多写点好诗。

我仍然在写《印度佛教史》，整理《罗摩衍那》的译稿，写译序。还可能接到一个新任务，整理注释玄奘《大唐西域记》，还没有定。

学校里现在是不运不动，北大这个臭泥坑，不知何时才能掏干净。

杨柳飞花，已是暮春时节，我只到颐和园走了趟，看了开过花还没有长叶的玉兰花。

请代向郑曼同志、小平、苏伊致意。

祝

健乐

羡林

1977 年 4 月 27 日

三十二

克家：

来函收到。

出版局事，没有听说，子野如此安排，可说得当，见面时祈代致意。

北大运动，前一些时候，是不运不动，中央工作会议以后，动了一阵，又停下来。上周市委对北大估计又提高温度，北大已上升为“反革命根据地”，而“梁效”则升为“反革命别动队”。现在是人心大快。然而，根据华主席抓纲治国的战略决策，北大当务之急（其他部门也一样），是调动一切积极因素，特别是老知识分子的积极性。但是，兹事体大，谈何容易也。

我的身体一直很好，殊出意料，仍然在搞《印度佛教史》和《罗摩衍那》。

请代向郑曼同志、小平、苏伊致意。

祝

健康

羡林
1977 年 6 月 1 日

三十三

克家：

来函收到。

知道你们身体都很好，甚为欣慰。我自己仍然顽健如昔，除了偶尔失眠外，没有什么别的毛病。

《印度佛教史》和《罗摩衍那》仍在顺利进行。我现在发现，原来我过去三十来年没大读书。最近二三年来看了些书，“学然后知不足”，自己的知识太少了。亡羊补牢，为时非晚。我坚决摆脱一切杂务，真正埋头读书，晚年也许还会有点贡献。

北大运动，令人啼笑皆非。外面温度越来越高——今天《人民日报》对“梁效”的批判可以见证，然而校内的温度却是越来越低，大有原班人马重新上台之势。其中奥妙，流言颇多，我辈蚁民谨遵“莫谈国事”之戒，以少说话为妙也。

现已入伏，诸维珍摄。

向你们全家致意。

羡林
1977 年 7 月 13 日

三十四

克家：

信收到。你的话是正确的，对老友写信你总是“先进”的。但是（这里要讲一点辩证法）唯其因为你总是“先进”，所以我就甘居“后进”，因为我知道，到了关键时刻，你会有信来的。

北大运动，仍然是不运不动。工作队有一万多人，但是群众对他们谁也不认识。而且还有种种流言，不像从一个共产党人嘴里说出来的流言。我现在的态度是不闻不问："校事管他娘，写写文章"。我现在正为《罗摩衍那》写一篇导言。学了几十年的马列主义，我现在发现，我原来刚才入门，是一个初小一年级的学生。

《印度佛教史》仍在进行，同翻译《罗摩衍那》的工作交互进行。这种工作方式，我已经很习惯了。

从立秋那一天起，每年一度的"枯草热"又准时莅临。喜而并不厉害。其他方面，还是颇为健康的。工作则照旧进行。

长之一生的致命伤，在于不老实。他写的文章都是英雄欺人，他自己是并不相信的。

请代向郑曼同志、小平、苏伊致意。

天气将凉，枯草热稍退，我当来看你们。

祝

健康

羡林

1977 年 8 月 27 日

三十五

克家：

信收到。

今年十一，我本来下定了决心来看你，但是早晨到了张天麟家，被拉住吃午饭，吃完又闲谈。到了我脱身走的时候，已经是下午四点，时间既晚，身体又疲乏，没有法子到你这里来了。

我自己身体健康，每年一度的气喘今年提前结束，大喜过望。工作仍然是每天十个小时左右，只是苦于失眠，有时不免头昏耳。

北大照旧死气沉沉，据说中央已经派了新校长，是前贵州第一书记周林。但还没有到校。我们都希望他能来校振作一番。

你的病完全好了吗？请代向郑曼同志、小平、苏伊致意，小平、苏伊"工作太忙"，甚至"有时血压高"，能不能劝她们减少一点工作呢？

我也是久不见恭三。组缃有时在路上相逢。他现在是家庭采购大员。他的"先进"经验是，当采购员大有甜头，能舒筋活血，增强体质。我劝你也多散散步。

祝
健康

羡林
1977 年 10 月 6 日

三十六

克家：

刚才读到来信，深为不平。你对“四人帮”的憎恨，别人我不清楚，我是完全知道的。我们见面次数不多，但每次你都对我痛骂江青之流，给我留下了深刻的印象。北大黄昆，在《人民日报》《红旗》写文章批邓。但邓副主席知道他被别人所迫。邓一恢复工作，立即调黄到中国科学院任半导体研究所所长。这是何等胸怀！我们老一辈革命家真让我们敬佩，他们心中只有党与人民的利益。而你们《诗刊》这少数人竟形而上学到如此程度，真堪悲叹！但是我认为，对你来说，一个人大代表完全不是为你增光，免掉这一顶桂冠，反而可以潜心多写点好诗。人大代表一般说是好的，但滥竽者也不乏人。你心里那一点情绪也完全可以驱除也。

我身体尚好，只是事情又渐渐多了起来。我非常害怕又恢复文革前的情况，头衔挂上二十多个，但无益于人民。我已下定决心，再不干行政工作，甩掉一切乌纱帽。年纪渐渐老了起来，想干的事情还多得很，心里有点急。中华书局组织了一个班子注释《大唐西域记》，推辞再三，最后还是由我来“挂帅”。心里又增加了一些负担。《罗摩衍那》即将译完。将近两万首诗，不知怎么一来，竟也译了出来，真想浮一大白。

代向郑曼同志、小平、苏伊致意。祝
康吉

羡林
1977 年 12 月 3 日晚

三十七

克家：

来信收到。

十分紧张地学习，准备了一周，今天是星期日，才有时间给你写信。

我们原定二十日启程，现改为二十八日。第二批团员四人，先飞巴基斯坦，然后飞印。估计三月二十五六日可以回京。印度是旧游之地，此次重访，必然会有一些新的感受。广播电台已先来约稿。估计回国必然要写一点东西。并不是我有什么文章要写，这是“礼也”，是写给印度人民看的。

前次晤面，看到你身体精神两佳。我说你至少还可以再工作二十年，并不是开玩笑。我确有这个信心。但是，话又说了回来，光有信心，还不行，必要的锻炼一定要跟上。

请代向郑曼同志、小平、苏伊致意。回国后，我当来看你们。祝

好

羡林

1978年2月19日

三十八

克家：

信收到。

现在确实有许多顶乌纱帽在我头上飞动，但是都还没有落到头上。一旦落上了一顶，我一定给苏伊想点办法。“一朝权在手，便把令来行”，古有明训也。

我的搬家工作还没有结束，现在还处在天地初分、宇宙洪荒的阶段。

请向郑曼同志、小平、苏伊致意。

祝

好

羡林

1978年4月8日

三十九

克家：

信收到。

乌纱帽仍然是悬在空中。中国社会科学院南亚研究所势在必然成立。但是，同我预料的正相反，我离开北大，恐不可能。即使成立，也是与北大联合，而且所址暂时放在北大。即使我能把“令来行”，苏伊每天到北大来上班。其疲劳恐与今天相等。我想同建国门内的几个所联系一下。如能成，则上班近在咫尺，颇为理想。但是，这是我的主观愿望。结果如何，且听下回分解。

你身体怎样？恐怕仍须多多出来散步。

请代向郑曼同志、小平、苏伊问好。

祝

健康

羡林

1978年5月16日

四十

克家：

请你告诉苏伊，写一个简单的情况介绍，类似简历一类的东西，寄给建国门内中国社会科学院世界宗教研究所黄心川同志。其中包括姓名、年龄、性别、民族、政治情况、学历等等。如有学校或老师写的有关学习或政治方面的评语，也可以附上。南亚研究所即将成立，由我兼任所长。这一顶乌纱帽大概就要落到头上来了。苏伊工作或在宗教所，或去南亚所，都一样，目前大概算是资料员或图书管理员一类的名义。将来有机会可以培养。现在还不能算是定局。将来中国社会科学院政治部批准后才算。现在只把她的简历送上去，敬候决定。

请代向郑曼同志、小平、苏伊致意。

寄简历时，可附上短笺，就说我请她写好寄来的。

祝

好

羡林

1978 年 5 月 22 日

四十一

克家：

两封信都收到。

苏伊简历即将寄出，很好。南亚所暂时设在北大。但我将争取在建国门内设一个点。这样苏伊如上班，只须十分钟即可。即使由于房子少，暂时在宗教所上班也可以，反正是一码事。不过，此事尚在进行中，结果如何？还要听下回分解。南亚所刚成立，必然要一些编制名额。不过今年为时稍晚。正托人争取。

你对我写的东西的赞美，给了我继续写下去的勇气。我已经写了几篇。不过因为忙，写起来颇以为苦。经你这一说，我一定把计划中的十二篇都写完。《人民日报》不能都发表。因为国家与国家之间还有一个平衡的问题，这也是一种“政治待遇”。

请代向郑曼同志、小平、苏伊致意。

祝

好

羡林

1978 年 5 月 24 日

四十二

克家：

信收到。

文联、作协恢复，大快人心。这也是由大乱到大治的一个方面。

苏伊事我已经告诉黄心川同志，让他立即办理。明天我可以见到他。问过他以后，我再告诉你。

最近搬家，清理书籍，找出来了一些我认为早已被破坏了的草稿和资料，其中颇有一些有点价值的东西，这大大地刺激了我读书写文章的劲头。

请向郑曼同志、小平、苏伊致意。

祝

好

羡林

1978年6月7日

四十三

克家：

估计社会科学院南亚所就会派人到苏伊工厂去看档案。我昨天已经告诉了他们。你的意思好像是先让苏伊向厂方领导通一通气。有这个必要吗？我不了解情况，请你决定。

最近筹备建所的工作，比较繁忙。我本来是下定决心，不再搞行政工作。然而事与愿违，奈何奈何！

请向郑曼同志、小平、苏伊致意。

祝

好

羡林

1978年6月9日

四十四

克家：

两封信都收到。

所里的人已经告诉我关于学徒工的问题。我看，此事只能智取，或者软磨，不能力夺，不能硬顶。“县官不如现管”，一个小单位的头头往往爱摆点架子。如果他的权限只在几棵大白菜，他也将靠大白菜摆架子。此事我已遇到过多次，令人啼笑皆非也。苏伊血压高，可请医生出一证明，或者能有点希望。

祝你们全家都好。

羡林

1978年6月13日

四十五

苏伊：

来信收到。你爸爸的信也收到了。

如果你们厂竟然肯放你走，那真是“天恩高厚”，不禁要感激涕零之至了。何时你们厂正式通知你，请你立即打电话告诉我（282471 转 3467）。我通知南亚所小杨到你们厂去联系。

郭老逝世，我也很悲伤。请告诉你爸爸，不要悲伤过分，要注意自己的身体。死者已矣，我们生者还要打起精神干下去，再干它二十年。

请代我向你爸爸、妈妈、姐姐致意。

问

好

季叔叔

1978 年 6 月 18 日

四十六

克家：

来信收到。

关于苏伊的工作问题，我曾同中国科学院的领导同志联系过。据说，按照国家的规定，学徒工在国家整个编制中没有地位，也就是说，国家还没有他们的那一份工资。因此不能调动，只有有了编制的人，才能从一个工作岗位调到另一个工作岗位。现在党中央十分强调遵守法律规章，他们中间该也不敢破坏。因此，我觉得，最切实的办法就是等到明年九月学徒工期限结束后再调动工作。从南亚所方面来说，决不会有问题。困难是在这一年多的时间内，苏伊的日子不大好过。别人有些歧视，也自在意料之内。然而“马行在夹道内，难以回马”，只有努力工作，让人没有可乘之机，度过这一段困难的时光。好在苏伊还年小，牺牲这一年多的时间，她还有这个本钱。也许到了那个时候，建国门内的社会科学大楼已经建成，南亚所在那里有了基地，工作条件比现在要好多了。

我现在工作比较忙，头绪多，困难也不少。好在我已经是司空见惯，碰到什么困难，我都习以为常。我现在已经“修养”得很不错了。

向郑曼同志和小平致意。祝

好

羡林

1978年6月25日

四十七

克家：

二十五日信收到。

你说前些天给我一信，我却是没有收到。不知道是什么原因。

游老不幸逝世，学术界失一老成持重的学者，实可惋惜。有人告诉我，我还是治丧委员会的委员。可惜当时有招待外宾的任务，追悼会没能参加，

深林竟也患了肺癌，实出意外。

北大已经放假，但是我从来也没有想到休假，一无必要，二无可能。羡本身体顽健，每天工作十几小时，毫无疲倦之感，可以告慰老友也。

过些天，只要能找出时间，我一定来看你们，我们好像是好久好久没有见面了。

请代向郑曼同志、小平、苏伊致意。

祝

好

羡林

1978年7月26日

四十八

克家：

信收到。《忆向阳》用熙已送来，我没在家，没能看到他。

深林追悼会，我本想参加。可惜那一天竟安排了三个会，只有望“山”兴叹。

关于乌纱帽的问题，我完全同意你的意见，然而事与愿违。暑假三周，我连半天也没能休息，天天开会、会客。我的客同你的客有所不同。同这些客会面，真有

哑子吃黄连的味道，真不知如何是好！

马坚于昨天突然去世。寿彝来他家看望他的家属。老成凋谢，虽属自然规律，然而对我辈心情究不能无影响也。

请向郑曼同志、小平、苏伊致意。只要有可能我一定来看你们。祝

好

羡林

1978 年 8 月 17 日

四十九

克家：

来信收到。

我本来想在节日中出去走一走。但是连日忙于应付他人和洋人，身心交疲，懒得动了。结果在家里呆了三天，哪里也没有去。但是家里也并非世外桃源，避秦无术，来访有人。真是没有法子可想也。

幸而身体尚好，今年气喘犯得比较轻，虽然还没有到冬天，似乎已经过去了。

我现在仍然能看些书。主要是我靠我的保险系数——从早晨四点到八点工作。这个时候，总不会有人拉我开会。

请代向郑曼同志、小平、苏伊致意。

即祝

近安

羡林

1978 年 10 月 4 日

五十

克家：

信收到。

最近，忙是忙一些，但好像体力劳动多于脑力劳动。

苏伊工厂将要“解放”，具体内容如何？她现在能到南亚来吗？

小平的事情我一定留心。“父母之命”现在不需要了，但在某些情况下，父母从旁协助还是完全必要的。

我在下月又将有印度之行，在走以前我一定来看你。对外友协的“首席”翻译顾子欣，年轻有为，酷好文学。他曾写了不少诗。他曾向我谈到要见见你。我对他说：“克家同志一向奖掖后进，他一定会很高兴地见你。”

有人送你菊花两盆，极为羡慕。我今年好像还没看到菊花。“待到重阳日，还来就菊花”。重阳早已过了，等到我到你家就菊花的时候，恐怕就要下雪了。

郑曼同志、小平、苏伊都问好。

祝

好

羡林

1978年11月12日

五十一

克家：

寄来的诗选已收到。

读到《烙印》等诗，回忆到四十多年的情景。当时我还是清华大学的一个学生，曾几何时，已垂垂老矣。

最近仍然颇忙。每周开会至少十二次。我真有点“哑子吃黄连，有苦说不出”的味道。然而事已至此，奈何奈何！

春天又来到人间。不知你最近身体怎样，游兴如何。

请代向郑曼同志、小平、苏伊致意。

祝

安康

羡林

1979年4月15日

五十二

克家：

刚才收到来信。

信来得正是时候，我明天就要离京到黄山去，预计八月十五日可以回来。学校虽已放假，但仍然是天天忙。如果我不离开北京，将永远无休息之日矣。

北海道大学事，只好等我回京后，同学校商议后再答复你了。

苏伊事有一点值得考虑。中国社会科学院大楼完工无期，她要每天到北大来上班。来回两次，在途中至少要用三小时。奈何！

我回京后当来看你。

代向郑曼同志、小平、苏伊问好。

羡林

1979 年 7 月 31 日

五十三

克家：

信悉。

早想来看看你，但是总是抽不出身来，徒唤奈何。

苏伊的工厂是全民所有制，还是集体所有制？据说在转业方面，这二者是很不相同的。

你认得张默生吗？我前天接到电报，他已在成都去世。

我暑假到黄山去住了两个礼拜。回京后，又到新疆和敦煌去玩了三个礼拜。现在游山玩水还有济胜之具。再过若干年，恐怕就不行了。

代向郑曼、小平、苏伊问好。

祝

康吉

羡林

1979 年 10 月 3 日

五十四

克家：

函悉。

中国社会科学院原来预定至晚明年可以把“建内”的大楼建成，南亚所也可以在里面分到一些房间。但是，时至今日，情况完全改变。大楼可能改成小楼，何日建成，茫茫无期。即使建成，也是僧多粥少。已明确告诉南亚所，只能挤在北大。看来在那里设点的打算已成泡影。对苏伊的工作来说，也就有了困难。每日来往，路上至少要用去三个小时，如何能受得了？我本来想来看你，面谈此事。只是找不出时间。

我们全家都好。

请代向郑曼同志、小平、苏伊问好。

祝

康吉

羡林

1979年12月23日

五十五

克家：

信收到。

郑曼和苏伊来，了解到你的一切情况。我觉得，你想现在把应该写和能够写的文章写完，然后就从此搁笔，优哉游哉，这只是幻想。像我们这种人，文章是永远写不完的，活到九十岁、一百岁也写不完。因此，目前还要适当地照顾身体，希望多活一些年，多写一点人民喜爱的好东西。

话虽这样说，我自己目前也是做不到的，只有努力争取而已。

请代向郑曼同志、小平、苏伊问好。

祝

康吉

一年又快过去一半了！

羡林
1980 年 5 月 29 日

五十六

克家：

信早收到。之所以现在才写信，有一个原因，对外友协的翻译顾子欣喜欢写诗，是一个颇有才气的青年。他请我把他写的诗转给你，请求指正，我总是找不到合适的人送给你。所以写信就推迟了。

现在请×××同志把诗送给你，请提出意见，加以指导。

我本月十五日赴日本，二十五六日回来。苏伊考试事可直接与李玉洁联系。

请代向郑曼同志、小平、苏伊致意。

祝

好

羡林
1980 年 7 月 8 日

五十七

克家：

多日未见，甚为想念。

我从日本回来后，立即赴浙江莫干山，参加大百科全书外国文学词条编写会议。上星期回京，又准备日本朋友访华事宜。一个暑假大概就这样打发过去了。

有两位日本朋友，森藤夫妇，想见你一面。女森藤是专门研究你的诗的，他们夫妇现在都是早稻田大学的教授。不知你能否在本月内抽出一个小时的时间见她一下？我的通信簿丢掉了，你的电话号码我记不清楚，否则我会打电话的。

请代向郑曼同志、小平、苏伊致意。

即祝

近安

如你准备在你家中见她，我也争取同来。

羡林
1980 年 8 月 21 日

五十八

克家：

来诗收到。我觉得韵味无穷。

我最近又犯了“枯草热”，流鼻涕气喘，苦不堪言。政协的会我也不能常去。

卞立强请你写的字，请你写一写。他从中学起就喜欢读你的诗。你随便选一首诗，大笔一挥，即能满足他的渴望。

请代向郑曼同志、小平、苏伊致意。

祝

好

羡林
1980 年 9 月 8 日

五十九

克家：

函悉。

我明天赴西德。苏伊的事情等我回来后再解决吧。

我估计本月中旬以后可以回来。二十五日再飞成都参加外国文学年会。

我一切都尚好。

代向郑曼同志、小平、苏伊致意。

祝

好

羡林
1980 年 11 月 3 日

六十

克家：

今年旧历正月初一初二，我都有安排。往年初一到你家来拜年的惯例，今年只好打破一次。我准备初三来。

代我向郑曼同志、小平、苏伊致意。

祝

好

羡林

1981 年 2 月 2 日

六十一

克家：

《友声集》收到，谢谢。

我立刻就推开正在进行着的工作，读了起来。你们三位的诗，各有千秋。读这样的诗简直是一种难得的享受。

向郑曼同志、苏伊问好。

祝

康吉

羡林

1981 年 2 月 22 日

六十二

克家：

函悉。

茅盾先生作古，实出意外。从此文坛又陨一巨星矣！

同你一样，我也是整天忙得不可开交。年近古稀，看着光阴白白浪费过去，心里实有说不出的滋味。

现在一调整，中国社会科学院也大喊紧缩，编制至今不下。请告诉苏伊，先不要着急。我们现在做任何事，非有点耐性不行。

请代我向郑曼同志、小平、苏伊问好。

祝

健康

羡林

1981年4月21日

六十三

克家：

函悉。

上次社科院人事局长来所谈人事编制问题，答应给我们几个编制，但至今未见正式文件，所以还要等一等。闻中央又进一步限制社会科学院编制名额。此事恐还要扯皮。现在想要办成一件事，真是“难于上青天”。

请代我向郑曼同志、小平、苏伊致意。

祝

好

羡林

1981年5月14日

六十四

克家：

最近我住在京西宾馆开会，会开得很紧张。有时还要到中国社会科学院去参加研究个答辩委员会，忙得不可开交。郑曼同志打了几次电话，我都不在家。实在对不起。

今天我回来，到南亚所问了问。李峰同志告诉我苏伊的情况。我的印象中苏伊是学过英文的，而且还不错，经郑曼同志对李峰一讲，就有了问题。同时郑曼同志告诉李说，苏伊也已调了工作。虽然远一点，但比起北大来，还算是近的。目前大概只能这样子了。详情我以后再来你们这里问一问。我现在的会已经排到八月。看来非“退休”不行了。

请代问郑曼同志好，苏伊、小平也代致意。

祝

好

羡林

1981年7月17日

六十五

克家：

信和文章都已收到。

我最近也想写一些类似的文章，将来集成一个集子，叫做《怀旧集》或其他类似的名字。已经写好的有郑振铎、章用、李广田等等的回忆文章。

忙乱依旧，身体尚佳。

请代我向郑曼同志、苏伊等致意。

祝

康吉

羡林

1982年3月9日

六十六

克家：

《诗与生活》收到，谢谢！

我在百忙中抽暇看了一部分，写得很好，认为这工作很有意义。

我仍然是忙。丢掉乌纱帽比我想得要困难得多，年届古稀，仍然不务“正业”。“归去来兮”，念上多少遍也没有用。

请代我向郑曼同志、小平、苏伊问好。

祝

健康

羡林

1982年5月23日

六十七

克家：

又有一段时间没有写信了，你们都好吗？

北大有一位日本专家铃木是专门研究中国文学的，特别喜欢中国诗，对诗人也就特别尊重，他在回国前想拜谒你，以表敬意，不知你最近身体如何？有无时间？请告诉我一声，电话也可以，282471转3141。

郑曼同志、苏伊均代致意。

祝

好

羡林

1982年6月6日

六十八

克家：

信悉。

我也是刚从山东回来不久。我听戈宝权说，你曾往青岛疗养。

在山东时，曾在聊城地区参观，看到农村形势确是一片大好。

回来后，生活又上了常轨（平常的轨道也），一言以蔽之，曰忙而杂。

本月二十日将赴西安开会。

请代我向郑曼同志、苏伊问好。

祝

康吉

羡林

1982 年 10 月 8 日

六十九

克家：

信收到。

前天在中国国际交流协会理事会上，见到寿彝，才知道你住过院，现在回家了。去年九月间，我去西安开会，见到健吾，他身体精神都好，自信还能活若干年，想不到一别竟成永诀，痛哉！

我乱忙如故，差幸身体尚好，想还不至蹈健吾覆辙。

郑曼、苏伊都好吗？希望你们都保重身体。请代我向她们问好。

去年去外面开会时，我们还见过几面，春节将届，我一定循老例来看你。

祝

健康

请代向郑曼、小平、苏伊问好。

羡林

1983 年 1 月 31 日

我去年开了一年会，今年的会已将排满。年逾古稀，仍陷身会中，伤哉！

七十

克家：

我到安徽合肥去参加中国语言学会年会，刚才回到北京，看到你寄来的书，心中大喜。

这两部书印刷、装帧都典雅可爱。更可爱的当然是里面的文章。散文、小说的搜集出版，更有必要。这样一来给研究你的文学创作的学者们增加了极其宝贵的资料，只研究你的诗，还不能算是全面。

请代我向郑曼同志致意，问小平、苏伊好。祝

康吉

羡林

1983 年 5 月 12 日

七十一

克家：

函悉。

我久想改变一年一度晤面的情况，但是没能做到。1983 年已成过去，只好就这样了。

我还是准备在春节初一来你这里，执行我们的“不成文法”。可是我希望能在 1984 年打破这个不成文法。

代我向郑曼、小平、苏伊问好。

祝

康吉

羡林

1984 年 1 月 2 日

七十二

克家：

函悉。

你的祝贺，实获我心。丢掉乌纱，如释重负。不过这只能算是一个开端，外面还有不少的近似乌纱的“会长”一类的头衔，有待于丢掉。我希望在三五年以内彻底解决。

看《北京晚报》，白寿彝说，七十岁以后，他感到才开始钻研学术，我极有同感，有好多工作需要我们去做。

请代我向郑曼、小平、苏伊致意。

即祝

康吉

羡林
1984 年 3 月 27 日

七十三

克家：

函悉。

我搞的那种语言，名叫吐火罗语。共分两种：吐火罗语 A，一名焉耆语；吐火罗语 B，一名龟兹语。是印欧语系的语言，但是残卷只有我们中国新疆才有。因此，我们也把它算做中国古代少数民族的语言。

我虽然摘掉副校长的乌纱帽，但外面的会议仍然很多。

请代我向你全家问好。

祝

康吉

羡林
1984 年 4 月 5 日

七十四

克家：

我应邀赴上海"讲学"。本月三日到上海，刚下火车，就有人拿给我你在《人民日报》上发表的文章。大家的意见是，文章写得真挚、动人。

我昨天乘飞机回家，看到你的信。苏伊调在你身边，我看了非常高兴。你们父女可谓各得其所。

今天上午到系里去，又是宾客盈门。看来丢掉一顶乌纱帽，还远远不能解决问题。我距离八十虽然还有七八年，但是现在做一点"总结"，也决非过早了。

请代我向郑曼同志、小平、苏伊致意。

祝

好

羡林
1984 年 5 月 11 日

七十五

克家：

信收到。

你竟得了这样一场病，我却毫无所知，心里很不是滋味！

我到杭州和烟台开了几个会，前两天才回来。在杭州时，矛盾重重，身心交疲。从此视出门开会为畏途矣。

虽然甩了几顶“乌纱帽”，但是其忙如故。我希望，再过三五年，把这一切帽子都甩掉，那样可以安心写点东西，培养几个青年学生，对人民会更有好处。

请把子野同志住处告诉我。香港的一位朋友想知道。他去北京时曾拜访过子野。

问郑曼、小平和苏伊好。

祝

健康

羡林

1984年11月2日

七十六

克家：

信收到。

去年是我的国内漫游年：深圳、广州、上海、济南、烟台等地都到过，但是我从来没有忘记老友们，只是力不从心，总想来看你们，总是有干扰，最终还是为一年一度晤面的规律所控制，呜呼！（这里只好呜呼了）

今年我仍然打算旧历初一来看你们，如果你的身体不能支持，我看看你就走。

二十四（旧历初四）我有印度之行。

请代我向郑曼、苏伊问好。

羡林

1985年2月15日

七十七

克家：

信收到。

我回信有意晚了一点，因为我听说恭三病重住院，还要家人陪伴，我想等听到真实情况以后再写信给你，现在情况是，他确实住了院，也确实一度紧张，但已好转，待查（查体也），大概还是“梅涅尔”之类。

华罗庚、夏鼐两同志的“事件”发生以后，给我们都敲了警钟，看来七十以上的人非特别注意不行了。

我的“日程”仍然很满，七月底赴昆明，八月初赴乌鲁木齐，八月下旬赴西德，九月以后还有深圳、烟台之行，说不定还要去一趟日本，都是无法摆脱的，这好像是要同“敲警钟”“对着干”!

代我向郑曼、小平、苏伊问好。

祝

康吉

羡林

1985 年 7 月 10 日

七十八

克家：

真对不起，现在才写信。

去年是我的旅游年：一趟印度、一趟西德、一趟乌鲁木齐、一趟昆明、一趟深圳、一趟烟台，万里奔波，身心两疲，我总想来看你，总是来不成，接到你的信，我以为旧历初一当然不成问题，孰知身体作祟，看来初一也颇有问题了，因此，请你们不必准备，只要我身体和时间都允许，我一定来看你的。但不一定是初一。

我前几天听说你病过一场，不知究竟如何，年纪大了，还望多加珍摄。问郑曼同志、小平、苏伊好。

羡林
1986 年 6 月 23 日

七十九

克家：

又有好多时间没见面了。

暑假我到庐山去休息了两周，这是我第一次登匡庐，印象当然很深。

回来后又犯了“枯草热”，气喘、流鼻涕，甚苦，但是这是一年一度必来的，只好忍受了。

有一件小事，也许是很有意义的事，想请你协作。广东的《随笔》准备印我一幅什么画家（名字忘记了）画的像，要配诗。我立刻想到你赠我那一首诗。我想请你放笔写一下（旁注：只要写在半张信纸上就行），寄给广州市大沙头四马路花城出版社《随笔》编辑部黄伟经。你是诗人，又是书法家，如能一挥大笔，则我们几十年的友谊将增添一点异样的色彩，岂非快事！但是这样一来，又增加你的劳动，给你添麻烦，又觉得心里不安了。

请代我向郑曼同志、小平、苏伊问好。

祝

康吉

请郑曼同志告诉我《罗摩衍那》还缺哪几本？下次看你们，就带去。

羡林
1986 年 9 月 11 日

八十

克家：

函悉，知道了你的近况甚喜。

我的情况没有多少改变，仍然是忙。上月我到西安去鉴定如来佛真身舍利，又到香港去参加敦煌吐鲁番学国际讨论会，差幸身体顽健如昔，我仍然骑自行车上下班。

故友凋零，人生规律，我辈实在无能为力。

我同组缃、林庚有时候一年才见一次面，同恭三在会场上颇有见面机会。

你今年八十二岁，在古代中国已经是不得了的高龄。但拿今天的标准来衡量，仍属老年的初级阶段。我七十六岁，很少有老的感觉。希望我们共同努力再活它至少十年。

代我向郑曼、苏伊问好。

酷暑多厉，望自珍摄。

祝

好

羡林

1987年7月20日

八十一

克家：

寄来的书早就收到了，谢谢！

今年暑假，不知道为什么竟这样忙，有三个全国性的甚至国际性大会要召开，中间还插入不少的小会，看来我退出了第一线，对我并没有什么帮助。

你身体如何？郑曼、小平、苏伊都好吗？

最近天气太热，希望能善自珍摄。

祝

暑安

羡林

1988年7月15日

八十二

克家：

函悉。

我到香港中文大学去“讲学”，上星期日才回来，一到家就病倒卧床三日，现在已经全好了。

我的《散文集》没有寄出，因为我总想亲自交给你，但是一再拖延，至今未能如愿。

去香港两周，除了讲过几次课以外，就朋友来往宴请，一点其他的干扰都没有，一回到北京，信件书报堆积成山，电话来人不断，又陷入文山会海中。我之所以生病，主要原因还不是气候问题，而是干扰太多，心里烦躁。

我总想设法来看你。

请代我向郑曼同志、小平、苏伊问好。

祝

健康

羡林

1988 年 11 月 20 日

我写了篇怀念老舍先生的文章，已在上海《文汇报》刊出。

八十三

克家：

信早收到。

我根据生殖崇拜的观点写了一篇文章，重新解释古代印度《梨俱吠陀》中的几首所谓哲学诗，不久可以出版，出版后当立即寄奉。

附上一篇我的自传，以博一粲。

郑曼、小平、苏伊前都请代我致意。

祝

康吉

羡林

1989 年 4 月 25 日

八十四

克家：

临清清渊诗社的几位领（导）同志（以前县委书记胡雷同志为首）不远千里到北京来向你致敬，请拨冗会见。

向郑曼同志、小平、苏伊致意。

我现在还好，只是杂事仍然颇多，不知到什么时候才能真正“解放”。

你要的《罗摩衍那》译本1、3、4册，我来看你时带来。

问

好

羡林

1990年6月3日

八十五

克家：

昨晚刚开完国务院学位委员会归来，今天早晨就接到你寄来的书，大喜！

现在介绍李业文同志来谒。李同志搜集中国当代著名文人墨宝，你是诗人又兼书法家，也当然是搜集“对象”。想你不会拒绝的，自古书法家多长寿，当代书法家孙墨佛、苏局仙都活到百岁以上，苏老现109岁，仍健在。

郑曼、小平、苏伊前代我致意。祝

好

羡林

1990年7月1日

八十六

克家：

来信和寄来的书都收到了。

《群言》刊出的那一篇短文，是我多年想说的话。有如骨鲠在喉，一吐为快，特别是对所谓“朦胧诗”，我实在不敢恭维，我怀疑作者自己也不懂，他们是在英雄欺人。但滔滔者天下皆是而嗜痂者亦大有人在也，奈何，奈何！

我今秋循例发病，咳喘交加，夜不能寐，治了几十年，毫无效果。岂知金秋佳日、健康人快乐之日而对我则是难受之时，又是一个奈何！

问郑曼同志、小平、苏伊好。

祝

秋安

羡林

1990 年 8 月 29 日

有一次你曾谈到金克木写的文章，“不知所云”。若以朦胧诗视之，庶哉得之矣。

又及

八十七

克家：

刚才接到山东临清胡雷同志的长途电话，说明年准备纪念抗日名将张自忠将军，临清组织了一个筹备委员会，想请你和我担任主任委员，这是很有意义的事，又不会耽误你很多时间，不过挂名而已，我意可以答应，不知你意下如何？

前一阵我又犯了每年必犯的过敏反应，卧床数日，现在已经基本上好了。

郑曼、小平、苏伊前代我致意。

祝

好

羡林

1990 年 9 月 21 日

八十八

克家：

临清来人，带来一封给你的信，关于张自忠碑林的事进行得还算是顺利。赵朴初先生亲自写诗，亲自挥翰的墨宝，我已经收到，楚图老、周谷老的墨宝也已拿到，张自忠将军抗御倭寇，精忠感人之深，于兹可见。

临清方面想请你做的事，见胡雷同志信中。

郑曼同志前代我致意，小平苏伊均请问好。

羡林

1991 年 3 月 12 日

八十九

克家：

来信并祝寿诗已收到，谢谢！

你我已有超过半个世纪的友谊，这友谊越老越浓，我认为是极其难得的。你对我的称扬，我本不敢当，但是老友一番心意，我是理解的。我接受下来，作为对我的鼓励。

请代我问郑曼同志、小平、苏伊致意。

祝

康吉

羡林

1991年6月20日

九十

克家：

信收到。

八十寿辰，没有什么了不起，但竟惊动了这样许多人，心实难安。

你的条幅，可按照你的意办，先拿来展示，然后再裱。

北大裱画处，我不知此地，因为我平常同裱画处没有来往。

我有好久没有见到恭三了，他的手抖，耳朵也逐渐“背”了起来，这是自然规律，人是无能为力的，像你这样头发不白而又耳聪目明思路敏捷的人，应该说是极难找到的。

问郑曼、小平、苏伊好。

连日闷热，极不舒服，万望善自珍摄。

祝

好

羡林

1991年7月22日

九十一

郑曼同志：

函悉。

克家的题词收到后，非常高兴又感动，他身体欠安，要注意休息保养，前天见到恭三，谈到克家，说像他这样健康，实在十分难得，但不要放松警惕，毕竟已是寿登耄耋的人了。

我现在极忙，克家不能来参加所谓“祝寿”活动，最好。否则我心里更会感到不安了，如果天气太热，我看，你也可以不必亲临北大了，天气转凉时，我会来看你们的。

问克家好。

问小平、苏伊好。

祝

暑安

羡林

1991 年 7 月 29 日

九十二

克家：

寄来的书早已收到，谢谢！

近十几天来，杂事猬集，实在忙得厉害，因此现在才写这封信。

代问郑曼同志、小平、苏伊好。

祝

康吉

羡林

1992 年 3 月 17 日

九十三

克家：

来信和书已收到，谢谢！

看到你的信，知道你精神极好，心里非常高兴，八十八岁，日本称之为米寿，九十九岁为白寿（一百少一），一百零八岁为茶（八十八加二十）。冯友兰先生写过：岂止于米，相期以茶。看来你是想超过茶了。

我身体尚好，只是感到双腿越来越软弱无力了，其实这也是很正常的。我的信条仍然是“纵浪大化中，不喜亦不惧”。

请代我向郑曼、小平、苏伊致意。

连日酷暑，祈善自珍摄。

祝

好

羡林

1992年7月23日

九十四

克家：

写完了这一封信，还没有来得及发出，我就仓促搭飞机，飞到祖国的最东处——吉林延边。据说比日本东京还要靠东，同北京时差一个半小时。此行主要是游山玩水，学一学时髦，也可以说是“讲学”吧，我游了名闻天下的长白山顶的天池，这里比泰山要高出一千米，又去图们江畔长驱百里，河对岸就是“金高祖”的天下，只要一提裤子就能过河，出国。此行真是闻所未闻，见所未见，吃所未吃，大开眼界，大饱口福。

回来看到小平的文章，很有韵味，非常喜爱，为什么不提一提你那要活到一百二十岁的豪言壮语呢？

问全家好。

羡林又及

1992年8月1日

九十五

克家：

最近一两个月，似乎是特别忙，年纪越大，事情越多，有点违反常规。

我早想来看看你，按现在的开会日程来看，只能到十月中旬，才能有时间，九月下旬在房山召开中国敦煌吐鲁番学会的年会，九月三十飞武汉，溯长江而上，经三峡，到重庆，十月上旬从重庆飞回北京。

子野在外面开会时见过一次，他已经有点老态龙钟了。

有一封信，请转小平。

问郑曼、苏伊好。

祝

康吉

羡林

1992年9月14日

九十六

克家：

你们的来信已收到，谢谢！

苏轼的词说："月有阴晴圆缺，人有悲欢离合，此事古难全。"这个道理，我经过了八十多年的生活历程，是完全理解的。然而人非木石，孰能无情？每遇到悲离之事，则仍不能排遣，实无可奈何也。

希望早早读到克家的文章。克家原有雄心壮志，要活到一百二十岁。希望你不要把这雄心丢掉。

小平、苏伊身体不好，切须注意调养。我一有机会，当来看你们。

祝

好

羡林

1993年3月21日

九十七

克家：

函悉。

我从今年春天起就想来看你，而且还想同恭三一起，可是天不从人愿，总是临时出了这事那事，因循未果。

倒并不是因为我太忙，忙还是有点忙的，但绝对不是因为忙而抽不出时间，我是想心情轻松点时，见见老朋友，心情却总是轻松不下来。

人到老年，老友凋谢，自是常情。我常想到古人用“后死者”这一个词儿，“后来者”可是并不容易当的，死者已矣，对他的回忆却总积淀在“后死者”的心里，年龄越大，积淀越厚，厚到让人喘不过气来，长寿者的心理负担决非已逝去者所能理解的。

我辈大概都是“性情中人”，有些人对死者，不管是朋友，还是家属，并不怀念，这样的人就在身边，呜呼！这种人有福了！

请代问郑曼、小平、苏伊好。

我希望不久能来看你，祝

好

羡林

1993 年 12 月 10 日

九十八

克家：

信收到。

因为两天连续进城，所以没能及时作复。

从泰国回来后，深有所感，遂在众多会议招待外宾等等的夹缝中，见缝插针，写成了《曼谷行》游记十篇，已被《十月》索去。我一方面感到疲倦，另一方面又对自己的健康颇有信心，我现在的“生产力”的旺盛是空前的。

山东聊城沿古运河拟建文化区，原地委宣传部长张培俭打长途电话给我，要我转请山东名人予以支持，他想请你赋诗题字，刻在碑上，垂之永久，不知你最近身体情况能允许否？

请代我向郑曼、小平、苏伊致意。

祝

康吉

羡林

1994 年 5 月 25 日

九十九

克家：

函悉。

作协准备为你祝九十寿辰，这是完全应该，你为人民做了工作，为作协增添了光彩，你是受之无愧的，但万万不要预先紧张，有什么可紧张的呢？你寿登期颐，生平阅历多矣，“曾经沧海难为水”，祝寿只能增添喜悦，有此一祝，一百二十岁有保证矣。

《四库全书存目丛书》，我仍然是主编，有一帮官场中人物（现任的，离任的）另外搞了一个摊子要续修《四库全书》，我的脸皮还没有这样厚，夫“修”岂易言哉！现在到哪里去找纪晓岚呢？

我身体颇硬朗，工作多了一点，但我自己能掌握分寸。

今夏酷暑，诸维善自珍摄。

郑曼、小平、苏伊前请代致意。

祝

好

羡林

1994 年 8 月 7 日

一百

郑曼、克家：

遵嘱题写了郑曼告诉我的那一些字，又作了一次被赶上架的鸭子。

我最近仍然颇忙，外地开会，一般我都推掉，也有推不掉的，比如本月三十一日至九月四日，我就必须赴广州，参加中山大学举办的陈寅恪《柳如是别传》国际学术讨论会。

克家要好好休息。小平病况如何？

天气凉时，我会来看你们的，祝全家好。

羡林

1994 年 8 月 24 日

一百〇一

克家：

你的信带给我极大的安慰，有如干旱中的春雨，“润物细无声”。

我年届耄耋，饱经忧患，对人生自谓已能透参，宋人词“悲欢离合总无情”，自谓已能做到，然而共同生活了六十多年的老伴一旦长行，“总无情”我就有点办不到了。

好在我现在身体尚好，每天工作不辍，我一天一趟图书馆，在北大已成为记录。

过些时候，我一定来看你，胡乔木晚年常说的一句话：“老朋友见一面少一面了。”我虽不完全同意，但于我心存戚戚焉。

问郑曼、小平、苏伊好。

羡林

1994 年 12 月 12 日

一百〇二

克家、郑曼：

来信和照片都已收到，谢谢！

我这几天特别忙，我简直想“出家”当和尚，克家血压又不稳定，很是惦念。从过去的经验来看，这现象并不特别异常，只要小心静养，不要激动，必然能化险为夷。秋凉时候，我再来看你们。

问小平、苏伊好。

祝

安康

羡林

1996年8月9日

一百〇三

克家、郑曼：

祝克家早日康复，牛年万福。

祝你们全家吉祥如意。

小平、苏伊全家统此不另。

季羡林

1997年旧历元旦前夕

一百〇四

克家：

手示奉悉。

说句老实话，你的健康情况比我想得要好得多，真令老友心花怒放。

根据中国的老说法，经过一场大病，等于过了一个关口，今后摆在你眼前的定会是阳关大道，尚望善自珍摄。

请代我向郑曼、小平、苏伊。李玉洁说，你的健康之所以能这样好，郑曼立了大功。

新春已降临大地。祝

你万事顺利，健康再上一层楼。

照片都很好，极有历史价值。

羡林

1998年2月17日

一百〇五

克家、郑曼：

看到老朋友的手迹，心中热血沸腾，看来克家的大难已过，茶寿可期了。

我很好，只是应酬太多，虽经李玉洁大力拒绝，仍然是每天宾客盈门。

我还能照常写，从台湾回来写了五篇《台游随笔》，全文刊登在《十月》杂志上，颇有转载者，想你们一定早看到了。

祝你们身体健康，小平、苏伊全家都好。

再祝

安乐

羡林

1999年8月25日

致耿引曾的一封信*

引曾同志：

一些不成熟的意见，已经当面奉告。这两天又仔细想了想，仍然只是一些不成熟的意见，胪列如下：

一、关于中国文学家的问题

在几千年的中国历史上，前后要一个平衡。在这方面，贵馆陈列好像有一点“厚今薄古”。我觉得，为了对我国人民进行爱国主义教育，在每一时代把突出的文学家陈列出来，很有必要。就是对国际友人宣传，也有必要。因此，在几千年的文学史中，似应突出下列几个人：屈原、司马迁（汉）、陶渊明（晋）、李杜韩柳（唐）、苏辛陆等（宋）、关汉卿（元）、曹雪芹、蒲松龄（清）。我记得贵馆好像没有突出屈原。屈原是世界文化名人，最近主席又把《楚辞集注》送给田中，都可见其重要性。

鲁迅当然也要突出，最好在党史开始时。

这些人的相片大小也应均衡，不要把关汉卿的像画得特别大。就他的地位来说，不能这样。

二、关于中外关系问题

从长远的世界革命的观点来说，从目前我国外交战线上取得的伟大胜利来说，作为中华人民共和国的历史博物馆，都必须十分注意中外关系。主席和我国领导人经常讲到，国家无论大小都有其优点与缺点，都是互相学习互相支援的。这一点在陈列中必须表示出来。

以下谈几个具体问题：

1．中印和中伊（朗）

在汉代通过丝绸之路同中国往来的国家，现在还存在的恐怕只有伊朗和印度了，

---

* 耿引曾，北京大学国际关系学院亚非所教授，曾在中国历史博物馆工作二十多年。

伊拉克当然也可以算在里边，苏联则另作别论。印度在当时恐怕主要还是通过其他国家的媒介同中国往来，直接来往的只有伊朗。在我们的陈列中应该在汉代部分突出这两个国家。伊朗方面的实物，除了上次谈到的印有伊朗图案的丝绸（可以到新疆博物馆去弄）以外，还可以把安世高陈列出来。他是安息人，当时属于波斯，他曾译过许多佛经。可以选一部他译的佛经当做实物陈列出来，说明汉代中伊的文化关系。

2. 中印关系

那一天我们提到，应该陈列出一个从印度到中国来的和尚，这样来表示有来有往。回来以后，我想了很久，找这样一个和尚，却颇不容易。印度来华的和尚很多，找一个突出的却不易。有些突出的，如鸠摩罗什之类，又不是印度人。因此，就觉得，不必再勉强补了，反正玄奘是到印度去的，有来有往的精神他一个人身上都具备了。

3. 中欧关系

在同今天是帝国主义的大国的关系中，我觉得，我们应该强调中国对它们的影响，而不是相反。中国的三大（或四大）发明，影响了欧洲，陈列品中已经表现出来了。此外，还可以加一些东西。比如：

a. 茶

传入欧洲后，影响很大，特别是对英国，他们今天离了茶就不能过日子。现在英（德法等）文里的茶是 Tea / Tee，是从福建话里借过去的。在这以前，英文里也有过 Chah 字，就是中国的茶。可以查一查《大英百科全书》。

b. 中国的文学作品

可以引用歌德的话。在他同 Eckenmann 的谈话中，他对中国小说作了相当高的估价。这些小说亦非一流作品（《好逑传》之类）。但仍然看出中国的文学作品影响了欧洲。歌德是德国最伟大的作家，世界最大作家之一，马克思最推崇的作家之一。他的话有分量。可以查 Eckenmann 与歌德谈话，把有关段落连同德文原文陈列出来。

可能还可以想到一些，容后奉告。

法国的那一架钟，实在不像样子，应更换。

全世界一百五十多个国家，不可能都陈列出来。几个重要国家可以经常陈列，作为对中国人民进行国际主义教育的材料。其他国家（或者一组国家，例如非洲、南美洲）可以准备备用的一套陈列品，每当有关国家的人士来馆参观，临时陈列。

现在想到的就是这一些，仍然是卑之无其高论，仅供参考而已。

季羡林

1972 年 10 月 30 日

补：那一块据说是刻有佉卢文或希伯来文的拱门后，如果是在开封发现的，很可能是希伯来文，因为开封古代有迁居的犹太人。

致马景瑞的信*

一

景瑞同志：

来信收到，请原谅，今天才写回信。

我给你寄来一本《北大学报》，想已收到。

你信中提到的北大中文系出的有关中国文学的教学资料，据我的了解，确实出了一些，但大多是油印，还达不到公开出版的水平，估计对你用处不大。

至于我自己的工作，过去涉及的面太广，语言、文学、历史都碰了碰。现在年龄渐老，颇想收缩一下，期能有所成就，我想今后集中时间、集中精力写一部《印度佛教史》，研究和翻译印度古代大史诗。我搞了一辈子这方面的研究，积累了一些资料。水平虽然还很低，但究竟花费了一些精力。让年轻人搞起来，恐怕还需要一段很长的过程。

今天先写到这里。祝

新年和春节健康、愉快。

季羡林

1974年元旦

二

景瑞：

好久没有给你写信，很以为歉。

---

* 马景瑞，曾任原山东临清市副市长、人大副主任。

你以前曾写信给我，要一部《红梦楼》。我自己有一部，但想保留。所以又托人去找。前些日子找到了。但我不知道，你现在是否还需要，请写信告诉我。

你现在工作怎样？估计也比较忙，批林批孔也一定是头等大事。

我现在也比较忙，参加批林批孔，自己的研究工作还照常进行。

我们官庄情况怎样？听说去年秋收又不好。

临清能不能收到济南广播台播送的电视？

今天先写到这里。祝

健康进步

季羡林

1975 年 1 月 5 日

三

景瑞：

来信收到。

《红楼梦》四册已于今日寄出，想已收到，或即将收到。

关于你到山东师院的问题，因为我对于你家的具体情况不十分了解，所以很难提供有用的意见。但是就一般情况而论，到师院去对自己业务方面，可能进步得快一点。你以前来信不是曾提到过要换一换工作岗位吗？如果家庭真需要就近照顾，当然临清会好一些。反正到哪里去，都是革命工作，不必太伤脑筋。

我不需要什么东西。从全国来看，北京的供应恐怕是最好的。

我们最近大学朝阳农学院，正在找差距揭矛盾的阶段，具体措施还没有。

我们家乡收成又不好，颇为忧心，之所以出现这情况，我看，老天爷只能负一部分责任。

先写到这里。祝

春节快乐、进步

季羡林

1975 年 1 月 19 日

四

景瑞：

昨天接到官庄的信，知道我寄出去的书被邮局盗走几本，我实在有点吃惊。

我忽然想到，我寄给你的《红楼梦》，至少已逾一月，还没有看到你的来信，难道整个被那一帮坏蛋偷走了吗？请你赶快写信给我，告诉我是否已经收到。

此致

敬礼

季羡林

1975 年 2 月 16 日

这几本书是挂号寄走的。

五

景瑞：

函悉。蒙远道关注，甚感。

北京虽然也被地震波及，但其实是很轻微的，也倒了一些房子，可是同天津相比，差得多，更不用说唐山了。

我们全家都很平安。大楼外搭棚，住了将近二十天，现已迁入室内，据说将来可能还会有较强余震，但那种事情只有天晓得了。

你调到县委工作，也许比学校要好一些，也可见领导上对你的重视与期望。“赶着鸭子上架”，也要一分为二，人有时候逼一逼，会逼出一些成绩来的。当然，在这里，也还是内因为主。

北大倒是常发些学习资料，只是对内，人手一编，多弄一份，几不可能。也许北大校刊学报会有一些用处，我一定会给你寄来。

听说山东也在防震。现在暑假已过，今年回家已不可能。我准备明年暑假回家来看一看。关于我们庄的情况，我其实处于“昏昏”之中。接到来信，全是好消息，真实情况如何？不得而知。

我最近健康情况极佳，看来再为党工作十年，是不成问题的。

北京供应情况，在全国恐怕首屈一指。我不需要什么东西。以后，再说。祝
康吉

羡林
1976 年 8 月 21 日

六

景瑞：

久疏音问，歉甚，歉甚。

托季孟祥带上一册我的新译《家庭中的泰戈尔》，你也许有兴趣，我的散文集已付排，是过去六十年写散文的总集。现在还在看校样，出版后，当即寄上，我一生不想当作家，但是积习难除，到现在仍然不时舞笔弄墨。六十年来，竟然写了一百篇散文，殊出自己意料。有几篇已丢失，恐怕永远找不到了。

还想让孟祥给你谈一谈我们家乡官庄因建房占地引起了一些纠纷的问题，此事想你已有所闻，我的意思是第一要弄清事实；第二要敦睦邻里。我们同住一村，已经有很多代之久了，今后还要继续同住下去，过去关系不错，即不要因一点小事而伤了和气，抬头不见低头见，我们要想得长一点。我因离家日久，情况完全不清楚，不能只听一面之词。希望你能从中斡旋一下。(旁注：你是一个正派的人，为了我们的团结和睦，希望你能发表一点公正的意见。)我另外写信给聊城专区秘书长王学武同志和临清市前书记胡雷同志，请他们本着我上述的精神过问一下此事。

问你们全家好，祝
康吉

季羡林
1986 年 9 月 9 日

七

荣亭[①]、景瑞同志：

国家文物局已有答复给我和胡乔木同志，现复印转上，因为你们给国家文物局

---

① 荣亭，指王荣亭，时任临清市委书记。

的报告已转去。他们可能也已给你们同样的答复，看来问题已经不大了，关键在省文物局，不知你们认识不认识那里的人，如有熟人，则可以拿着文物局给乔木的信去催问一下，一旦经费有了着落，我可以在北京请专家来临清，察看佛塔。我的女婿是中央建工部的建筑基础专家，佛塔倾斜，正是他的本行，我可以让他去看一看，定出施工方案。我很高兴，你们为桑梓之邦保护文物的热心，总算有了一点结果，正如你二位告诉我的，你们能办成此事，也可以说是在你们任内可以无愧于心了，可以流芳后世了，即祝

近安

季羡林

1992年1月15日

八

景瑞弟：

前上一函，并附国家文物局致胡乔木同志的信，想已收到，不知结果如何？

现在遵嘱将《临清市志》的序写好，今寄上，请法眼鉴定，倘有不妥之处，你尽可以改动，不必再书函往返，征求我的意见。

请你向王书记、步市长致意。

即祝

近安

季羡林

1992年2月24日

九

景瑞：

前函谅达。

听了领导讲话的传达，我忽然想到，我的那篇《序》中应该加上经济建设，虽然我在序中已经讲到经济，但不够突出，所以想加上几句话。

第四页第八九行之间加入一段话：

第三，为了当前的经济建设，我们也必须摸清本地区有关这方面的家底，而编纂地方志正是达到这个目的最好的办法。

第九行：二大原因改为三大原因。

第七页第15行：爱乡的教育，下加一句“大大地有利于进行经济建设”。

祝

康吉

季羡林

1992年3月5日

十

景瑞：

在京时，李铮同志已经同你谈过江西教育出版社决定斥巨资出版我的全集，因为我人还健在，所以名之为《季羡林文集》。共有二十三四卷，每卷35万到40万字。根据过去出全集的办法，每卷需要若干有关我自己的插图，主要是照片。临清是我的桑梓之邦，官庄是我出生的地方，所以官庄的照片是必不可少的。

现在我介绍《季羡林文集》编辑部副主任张光璘同志（党员，相当于副教授级。另外两个副主任一是李铮，一是江西新闻出版局局长熊向东同志）前来拜谒。他为了拍摄与我有关的照片不远千里溽暑长征，先到济南，后来临清。我已经写信给季孟祥，希望他能陪张光璘同志回官庄一趟，当天即可返回。能否请你提供一辆车，费用可以由张出。

烦神之处，容当面谢。

敬礼

季羡林

1992年5月30日

十一

景瑞：

张光璘同志回京后，向我的学生段晴（德国汉堡大学哲学博士）谈到官庄小学的情况。她灵机一动，就向一位德国旅游事业经营者申请一点资助。几经波折，这位德国友人拿出来了一千一百美元资助官庄小学，其中一部分资助工资极低的民办教师，其余资助小学生最需要的东西，比如增添新课桌，搞点体育设施之类。我的意思是，我们远在千里之外，对当地情况不了解，不敢妄出主意。此事本不敢也不该打扰你，但是我前几年连续向官庄小学寄书，至今荡然无存，我再没有勇气和积极性了。因此，现在得到了这一笔钱，虽不甚多，也不无小补。我希望能在你的过问和监督下，由支书和小学校长具体考虑，此钱究竟用在何处？此款将换为人民币，暂存我处。倘有便人来京，托他带上，再由你转交官庄支书和校长。德国人办事认真，不容马虎，必须有一张官方的收据，附上几句感谢的话，倘我们这一次能处理得妥善，将来还可能有希望得到更大的资助。将来此款转到了官庄，一切开支也必须有清楚真实的单据，于必要时，我们将把这些单据转给德方的资助人。

美元在临清没有法处理，我们正在兑换，但是兑换率一天一变，等我把人民币拿到手中，才能告诉你究竟有多少钱。现在美元汇率日益升高（约有七千多元），这对于我们是非常有利的。

你如果事情过多，是否可以委托孟祥协助你处理此事？

市委领导同志前代我致意。

即祝

近安

季羡林

1992年8月10日

十二

景瑞：

前函谅已尘清览。

听说你出去开会，想已回来。

德国友人资助官庄小学1100美元，按议价（非官价）折合人民币7360元。托孟祥带来。

至于此款用途，德国人提出资助代办教员每学期360元，也就是每年720元。其余可用于改善教学环境，增加体育设施等等。一切由官庄书记和校长讨论决定。我只有一个担心，德国人办事认真，中国贪污中饱之风，为老外所熟悉。我虽致函任玉池，告诉他账目必须清楚，款用完后，我们把账单交给德国人，说不定将来还会有进一步的资助。倘若这次出了漏子，则将成为砂锅捣蒜，一锤子买卖。因此我让你（由孟祥协助）对用款加以监督。最好由市或乡或村出一个正式的收据和感谢

信，一切由孟祥自存。祝

好

季羡林

1992年9月10日

十三

景瑞：

来函早已收到。

近一个月以来，我十分忙碌，一直在开会，从房山开到武汉，从武汉开到荆州，从荆州开到宜昌，从宜昌开到三峡，最后开到重庆，回京后又参加招待韩国大财阀金宇中的工作，一直到今天才回信，务请原谅。

捐款的使用，完全由你和村支部决定，盖办公室（会议室）章，我没有意见。至于今后捐款问题，那将看情况如何，现在完全没有把握，其他方面，如有门，我也将试一试。

修复舍利塔，总算迈出了第一步，可喜可贺，但是在中国办成一件事并不容易，这你我都有经验，不幸胡乔木同志患癌症逝世，这对我们不利。俟将来提出预算后，如遇到困难，我还可以想别的办法，找别的有力的人出来说话，比如赵朴初，还有胡启立（听说现任国家文物局长，曾经是他的秘书）。总之，俗话说，车到山前必有路，这是经验之谈，是很有道理的。

在临清办一所私立学校，这实在是一个绝妙的主意。中国几千年的教育史，都是两条腿走路，官办与民办并举，现在中央政策已经松动，可以允许私人办学了，这是一个好时机，如果学校真能办成，对我市人才的培养、经济的腾飞，会有极大的好处，至于用我的名字作校名，我德薄能鲜，愧不敢当。

请代我向王荣亭书记及其他领导同志致意，向康庄和官庄的领导同志致意，孟祥处我以后再写信。

祝

康吉

季羡林

1992年10月14日

十四

景瑞兄：

感谢你的来信，但是现在才写回信，实在过意不去。原因是我现在实在太忙，天天忙忙碌碌，几乎多一半是“为他人作嫁衣裳”。非出本愿，欲罢不能，看来我生就了忙碌的命，自己毫无办法。

你提到的几件事，简单答复如下：

一、小学奖励基金问题，你们的做法实获我心，但是是否除了证书以外，还有物质经济鼓励？光有精神，没有物质，用处是有限的，你们如果认为有必要，基金数目我还可以再增加，只要我们村的小学教育真能上去，则吾愿足矣。

二、关于为先父母立碑之事，俟孟祥来京时，我当同他面谈。

三、关于为我写传的事，最近几年来，颇有几个人想为我写传，我觉得说实话我还不够写传的资格，但是我一生的经历复杂，既走过阳关大道，又走过独木小桥，我的一生实际上代表了我们这一代知识分子，写出来对后代不一定没有用处。你同孟祥想写，我很感谢，但正如来信中所说的，你们怕写不好，不是你们的本领不够，而是有局限性。我在家乡的一段以及我以后回家乡的关系，写起来谁也赶不上你们，但我后来的学术道路，你们写起来恐怕就有困难，我正考虑找几个人合作的问题，以后再奉告，写临清地方志也是重要工作，二者亦不会矛盾。

四、修故居的事，我觉得，此事要慎重考虑，有没有必要了是第一，经济尚属其次，你试一试也未尝不可，但如对孟祥家有不利影响，则可以不办。

你为我村跑成了修公路的事，是一大功德。我的字你知道是见不得人的，我从来不是什么书法家，但如果对家乡有利，我也可以献丑。请告我详情，以及要字的人的姓名。

明年八月，欢迎你来。我也想念官庄，我一有机会，必定回来。

即祝

即安

季羡林

1995年12月3日

十五

景瑞：

前函谅已收到。

我寄给你一本《北大学报》，有几篇文章对你也许有些用处。

好久以来，我就想同你谈一个问题。我在几年前考虑到为我们的故乡官庄做一点事情。这倒并不是出于什么怀旧之感。我只是想尽上一点力量，宣传马列主义、毛泽东思想，从而抓革命，促生产，使我们大队的精神面貌和生产都能提高、改变，这对我们社会主义革命和建设也算添一砖一瓦，对于缩小城乡差别也算有点贡献。我还想对我们庄的卫生医药方面也尽点力。几年来，我做了一些事情，却产生了我原来无论如何也想不到的问题。我们大队的情况，说实话，我并不清楚，处于“昏昏”之中。你的信只读了一点，小学的信上也读了一点。但却不详细。希望你能抽空告诉我一些。我设想，在十年以内，为我们庄（小学在内）建立一个有几千册书籍的图书室，再加上其他一些必要的设备，例如电视之类。人民的文化水平总是会逐步提高。他们的要求也会随之提高，图书室是必不可少的。我这种设想是不是不切实际？如果你认为还切合实际的话，应如何进行？都请你告诉我。我觉得我对你是了解的，因此我才这样做。祝

健康

季羡林
1996 年 12 月 3 日

十六

景瑞兄：

手示奉悉。迟复为歉。

临清党政机关决议为我建立资料馆，受之有愧，辞之不恭。只能把这件事当做对我的鼓励和鞭策，更加努力地工作和学习，以报答市领导对我的深情厚谊。

对你提出的办法，我没有异议。照片和其他资料我都能提供，我藏书中的复本也可以送给资料馆，我手稿（其量极大）的复印件也可以提供。

北大正筹备百年校庆，我这里天天宾客盈门，将来一有时间，你提到的那些人需要送字，我一定一一照你的意见来写。我的字没有工夫，现在求字者颇多，我只

是硬着头皮像鸭子一样被赶上了架。

市领导前请代我致谢致意。即祝

近好

季羡林

1998年4月14日

致张梦阳的五封信*

一

梦阳同志：

信收到，因为病了十几天，迟复为歉。

你的大著如有油印本，请寄我几篇，我设法转交王瑶先生。读了你的大著，他就对你有所了解。这比空手去拜望要好得多。

王瑶据说还住在北大。在什么地方？我还不知道。我同他认识，但是素无往还。

此致

敬礼

季羡林

1978年1月24日

二

梦阳同志：

王瑶先生已把大作送还。他对我讲了几点意见，现转告：

一、你的文章，他认为很好。讲鲁迅辩证法的那一篇长文，他也认为很好。问你愿意现在就发表，还是经过加工后再发表？如你愿意再加工，可以将文章压缩一点，把重点放在鲁迅方面，讲鲁迅如何运用辩证法，而不是讲辩证法，举鲁迅的例证，架子大体上可以。

二、他今年招收三个研究鲁迅的研究生，已有十几个人寄来文章，他认为你的

---

* 张梦阳，中国社会科学院文学所研究员。

文章可列最好的。他再三说，如你愿意考研究生，他认为成功可能很大的。但是年龄要在三十五岁以下。

三、你可来京，可以直接去找他，不必再经过我。他住北大镜春园76号，离我住的地方不远。

四、总之，他对你的印象很好，只要年龄合格，我看做研究生似无问题。

你的文章暂存我处。你何时来京看王瑶先生，请顺便来取，我就不给你寄了。我意，你可以把那篇文章再加工改写一下，交王瑶先生设法发表。

不久我将有远行。倘你最近来京，恐怕我不在家。

即祝

近安

季羡林

1978年2月15日

三

梦阳：

我因感冒发烧，不能起床，劳你空跑一趟，没能见面，非常对不起。

惠赠尊编《郁达夫散文选集》，谢谢。我从年轻时也颇受郁的影响。

《散文世界》是一个什么性质的刊物？可否赐知一二。我写散文近六十年，虽然所写不多，没有认真去对待，但始终兴趣不衰，亦颇有一些感触与体会。

即祝

近安

季羡林

1984年12月28日

四

梦阳：

人大常委会已经开完，我急忙整理出一篇稿子，现寄上，请与编辑部的同志共同审处。

中国是世界上散文历史最长、水平最高、体裁最丰富的国家。此意我以前屡屡言之，但不知道大家是否同意我的看法。据我的看法，现在散文这个体裁在某一些人眼中好像有点不能登大雅之堂，他们眼中只有诗歌、小说、戏剧，现在又加上了一个报告文学。我们应当扭转这种看法。

你何时有暇，希望你来谈，事前请与我电话联系。你打 282471 转 3456（东语系），找李铮同志也可以。

即祝

近佳

季羡林

1985 年 1 月 22 日

五

梦阳：

来信并寄来的书，均已收到，多谢!《阿 Q——70 年》还没有来得及仔细阅读，但看一看目录，就能知道此书实系一重要著作，对研究鲁迅会起很大的作用。

令尊大人身体可好？我们已有很多年没见面了。

我仍然很忙，年届耄耋，犹为他人作嫁衣裳，可叹亦复可怜也。

向令尊大人致意。祝

近安

季羡林

1994 年 6 月 2 日

致刘献彪的信*

一

献彪同志：

手示和寄来的大作均收到，你能在这样的情况下，写出这样的文章，实在难能可贵。我现在住在外面开会，很少回家来，一俟散会后，我将把大作给有关同志看看，再看如何处理。

我自己对比较文学所知不多，成立北京大学比较文学研究会，也不过是为大家跑跑龙套，给青年同志开辟道路而已。

即颂

暑安

季羡林

1981年9月1日

二

献彪兄：

来函并大作均已收到，感谢之至。

因为过年比较忙，大作只翻看了一部分，学习了不少东西，了解了一些情况，我相信，你主编的丛书，会对中国比较文学的发展起推动作用。

我能否参加你信中提到的会，目前我还不敢说。因为今年工作比较多，而且年

---

* 刘献彪，山东潍坊学院教授。

纪已大，出门有些困难。

祝

新春康吉

季羡林

1995 年 2 月 6 日

致刘守华的两封信 *

一

守华同志：

来信和赐寄大作均已收到，谢谢！

大作已拜读，获益良多。现在东西各国比较文学之研究，均极盛行。我们学术界在这一方面也似乎有点落伍，必须急起直追。我们北大的一些同志现在还努力学习。比较文学研究会一成立，立即得到美国和香港等国家与地区比较文学学者的热烈反应。可惜我们在这方面建树还不多，无法同他们对等交换。不过从全世界来看，资本最雄厚的还是中国和印度，在这方面，我们可以说是得天独厚。希望我们共勉之。

寄上北大出版的《比较文学通讯》一份，请查收。

此致

敬礼

季羡林

1981 年 5 月 9 日

二

守华先生：

蒙惠赠大著《比较故事学》，当敬谨拜读，什袭珍藏。我对比较故事的兴趣源于 Th. Benkey 关于《五卷书》的著作。此调不弹久矣。仍知其大有可为。一部《太

* 刘守华，华中师大文学院教授。

平广记》就有无量资源，惜研究者尚不多。

即祝

撰安

季羡林

1995年12月3日

致济南一中的信

济南一中负责同志：

来信早已收到。迟复为歉。

我离开母校虽然已经五十年了，当年的老师恐怕都已离开人世，但我仍不时想到母校。我永远不会忘记母校培育之恩。解放后，听说母校兴旺发达，人才济济，心中十分感到欣慰。

母校要举行纪念活动，如有需要我做的事情，我一定努力遵办。至于我自己写的一些东西，将来一定奉上，请各位老师批评指正。

今年九月我有可能到济南来参加两个学术讨论会。届时我当回母校探亲，向各位同志致敬。

即请

近安

季羡林

1982 年 3 月 9 日

比较文学随谈

××同志：

你想让我谈一谈文艺理论的比较研究问题。这是一个大问题，我自己只懂得一些皮毛，只能谈一点我的看法。

我最近读了几篇介绍我国古代诗人的文章。文章中对诗人评价时所使用的词句引起了我的注意。比如对孟浩然，文章作者说："自然浑成，而意境清迥，韵致流溢。"对韦应物："风格婉丽，音调流美。"对骆宾王："格高韵美，词华朗耀"。对张九龄："缠绵超旷，各有独至"，"五言诗情致深婉，蕴藉自然。"我们对这些词句并不生疏。古人已经这样使用了。比如杜甫说："清新庾开府，俊逸鲍参军"；白居易说，韦应物的诗"其五言诗又高雅闲谈"；王渔洋说："韦苏州古淡，柳柳州峻洁。"

这一些词句我们懂不懂呢？稍稍涉猎过古典文学的人都会觉得，自己是懂得的，我自己也不例外，其中好像一点也没有什么难懂的地方。但是，如果有人不客气地将我们一军：请你用现代的、科学的、明白的、确切的语言给我解释一下吧！我想，恐怕我们一下子就被缴了械，甚至张口结舌，什么也说不出，如果勉强解释一番，恐怕也是费上极大的力气，反复讲解，最终还是丈二和尚摸不着头脑。

这是什么原因呢？难道我们古代的文艺理论就是这样不清不楚、一塌糊涂吗？不是的，绝对不是的，我坚决否认这种说法。

多少年以来，我有一个想法：从全世界文学艺术的历史来看，文艺理论真能持之有故言之成理，确有创见而又能自成体系的，只有三个地方：一个是中国，一个是印度，一个是从古代希腊、罗马一直到今天欧洲国家的所在广大地区。就其思想方法和表达形式来看，中国好像是偏于综合，西方好像偏于分析。印度从表面上来看，好像也偏重分析，比如大乘佛教不厌其详不厌其繁地去分析所谓名相；但是，据我看，这种分析，深度是有的，却缺少逻辑又凌乱重复，头绪不清，与西方搞的分析截然不同。中国的综合方式，使用一些生动的形容词，绘形绘色，给人以暗示，资人以联想，供人以全貌，甚至给人以艺术享受，还能表现出深度；但有时流于迷离模糊，好像是神龙，见首不见尾，让人不得要领。古代文艺批评家使用的一些术语，比如“神韵”、“性灵”、“境界”、“隔与不隔”、“本色天成”、“羚羊挂角，无迹可求”等等，我们一看就懂，一深思就糊涂，一想译成外文就不知所措。

怎么解决这个矛盾呢？我觉得，只有一个办法，那就是，加强文艺理论的比较研究。这里面包含着至少四个方面的学习：首先是学习马克思主义的文艺理论，普列汉诺夫论文艺的文章应该归这一类。其次是学习中国古代的文论，《文心雕龙》《诗品》等等一直到《随园诗话》和《人间词话》等等都归这一类，特别要注意那些卷帙浩繁的诗话和文集中的一些文章。再次是欧洲自古代希腊、罗马以来的各种文艺理论，从柏拉图和亚里士多德起，经过罗马的贺拉斯，德国的黑格尔、歌德、席勒、莱辛、海涅等等，英国和法国的文艺理论家，一直到近代的李普斯、克鲁契[①]、卢卡其[②]等等，都要读上一点。最后是你研究的那个国家的文艺理论。除了这四项以外，还要学一点心理学，特别是文艺心理学，学一点艺术史，学一点有关的自然科学。知识面越广越好。

我一向有一个想法：审美同吃饭是两种不同性质的活动，但也有共同之处，这就是，对于二者，不同时代不同民族口味是不一样的。可是在这个不一样中却又有一样的情况。中国旧话所谓“人同此心，心同此理”，讲的就是这个意思。如果完全一样，那就用不着比较。如果完全不一样，则无从比较。只有介乎一样与不一样之间，比较方法才能应用得上。我上面讲过的四个方面的文艺理论，就属于最后这个范畴，它们是可以比较的。我们对它们要仔细分析研究，特别是前三个方面的能自成体系的文艺理论，更是我们分析研究的主要对象。我们要看一看其间同在何处，异在何处，表达的内容如何，表达的方式如何，深思熟虑，简练揣摩，逐渐摸索出一些线索，逐渐找到一些规律，逐渐能使用明确的、科学的语言把这些线索和规律表达出来。经过这样反反复复的、十分艰苦的探索，我们古代文论中那些术语，在我们口中，在我们笔下，也就会逐渐明确，不再那么扑朔迷离了。这是我的想法，也是我的希望，我认为也是我们努力的目标。

这个问题要想说得十分清楚，决非三言两语所能做到的，我也没有那个水平。上面只是我个人的一些看法，必然有不周到的地方。愚者千虑，必有一得，谨提出来供你参考。

1982年6月28日

---

① 克鲁契，现译为“克罗齐”。

② 卢卡其，现译为“卢卡奇”。

致季孟祥的信 *

一

孟祥：

你的信已收到。

旧历年前，我们这里都欢迎你来。你是我们季家最晚的一辈，我们家里人不多了。大家都希望看到你。

现寄上二十元做你的路费。

希望你能在阴历十二月二十左右来京。（旁注：从禹城上车，也许更方便一些。但必须把车次的号数写清楚，日期当然也要写清楚。）也就是公历二月初。日期定后，把车次选好，尽快通知我们，我们有人到车站去接你。除了我以外，别人都没看到你现在的样子，我工作非常多，不大可能亲自接你（如有可能，我当然会接你的）。不认识怎么办？请你在衣服上挂一个布条，写上你的名字。去的人在车站出口的大门外右边等你。

除了我去年同你说的黄米面和枣以外，什么东西也不要带。北京不缺油吃。

问你父亲、母亲、姐姐、弟弟好。

请你带一封康庄完小的介绍信来，证明你的身份，以便到派出所去报户口。

老爷爷

1983 年 1 月 6 日

---

* 季孟祥，在山东省临清市委宣传部工作。

二

孟祥：

来信和寄来的花生米都已收到，谢谢！

你生了儿子，我们季家又多了一代人，向你祝贺，已由邮局寄来小儿斗篷一件，略表我们的心意。

你在聊城的学习怎样？

我们这里都好。只是又添了一岁，我们三个的岁数加起来，已经超过二百四十岁，每人平均八十岁，在旧社会，这是一个惊人的岁数，现在我们身体都还能勉强对付，只是做事已感困难了。

问你爸爸、妈妈、姐姐、弟弟好。

祝

好

老爷爷

1986年1月19日

三

孟祥：

你的来信已收到，勿念。

现在介绍北大东语系张光璘同志（党员，相当于副教授级）来看你。他到临清来是摄影的。江西教育出版社要出版我的全集，共约二十三四卷，每卷三十五万至四十万字。需要许多关于我的插图。官庄是我出生的地方，这方面的照片必不可缺。所以他不远千里溽暑长征到这里来。请你陪他一下，回官庄拍照，我已写信给马景瑞副市长，请他派一辆车。一天的时间足够了，一定要好好地招待。

问你爸爸妈妈全家好，问你爱人和孩子好。

老爷爷

1992年5月30日

四

孟祥：

来信和寄来的绿豆，都已收到。

现在我们这里的人都好，都尚健康，请勿远念。

前几天，临清市王德义副市长还有几位市里的领导到我家来看我。我对他们谈到鄂多瑞克的游记中谈到我们临清，是异常难得的资料。他们很感兴趣，我写了一篇短文，介绍这情况，一位马同志（是否是文化局长?）要我将短文寄去，随信附上王副市长安排写的一幅字，请你亲自送给他。另外那一篇短文，请你送文化局或博物馆，找一位姓马的局长或馆长。

代问你爱人和小西好。

祝

吉安

季羡林

1993年8月16日

五

孟祥：

来信收到

老奶奶的病，不见好转，恐怕也难见好转了，但一时也无危险，请放心。

我获得了北京大学有突出贡献特别奖，钱还没有拿到，钱的数目也不详，拿到后，我想给官庄小学捐一万元，还没有告诉任玉池同志，钱我想托人带来。请你帮助任玉池和马校长研究一下，把钱用在什么地方，我的意思是：一定要用在刀刃上，我是希望我们的小学能多出人材，多出突出的人材，这对临清，对山东，对中国也就有了贡献。

景瑞回走前代我致候。祝

好

老爷爷

1994 年 9 月 26 日

六

孟祥，并请转景瑞兄：

来信收到，任玉池的来信也收到了。

我同意你同景瑞兄的意见：用作奖金。我想补充两点意见：

一、一万元是否找一个（在临清市）有基础有信用的企业（工厂），作投资投给他们。在北京我们曾使用过这个办法，每年利息至少可以达到百分之二十，即两千元。一是利息高，二是可以保值。现在通货膨胀并未被遏止，如存入银行，五年以后，不堪设想。景瑞兄是地方领导，找一个或不太难，但一定要签定协议书，一切遵照法律手续。

二、任玉池信中讲奖金时提到教员，为了提高大家的积极性，成绩如优异，也不妨考虑。但必须按实际情况办理，千万不要搞一些形式，积极性既提不高，也不利于工作。

此外，是否需要成立一个基金管理小组，由景瑞、任玉池、马泽敏、孟祥参加，如同意，可否请景瑞为组长，景瑞是市领导，又是官庄人。请你们考虑，同任玉池洽商。

我时刻关心我的家乡。但一介书生，经济并不宽裕，我只能尽上我的绵薄。将来我一定还会给家乡教育捐钱的。

任玉池信中提到康庄镇委想请我协助发展经济，这是我能力以外的事情，目前，还想不出办法，我虽然广交游，但认识的人多为学界人士，并无长袖善舞之辈，我想请你们和康庄镇委官庄支部调查两个情况：一是我们的土特产是什么？土特产最容易找到出路，走向市场。二是我们这一带缺什么东西？换句话说：市场上“求”什么东西？这两个情况心中有了底，才能谈到发展经济。

祝

好

季羡林

1994 年 10 月 20 日

还有几件事：

一、这笔钱怎么送到临清？邮寄？托人带？

二、寄（带）给谁？

我曾写信给任玉池，说数目不算小，寄到官庄，他不一定能立即拿到。

我有一个想法：如孟祥有时间、有兴趣，能否来京一趟？邮费也许同来回路费差不多。如不够，我可以补上，孟祥也有多时没来北京了，你来，我请你吃几顿好饭，你也可以看一看老奶奶，她不一定能认人了。

又及

七

孟祥：

近来可好？

老奶奶已经故去，家里只剩我一个人了。

春节你们能来北京吗？你们三人来往路费，全部由我支付。

如能来，不要带什么东西来，如有可能，只须带几斤黄米面就行了。

祝

好

老爷爷

1995 年 1 月 11 日

致陈克辉的信*

陈克辉同志：

我仔细阅读了你带给我的5篇论文，我觉得你们编辑部推荐的2篇论文，确实是比较优秀的，我完全同意。根据来函中的精神，写了2篇简要的评语。今送上，请查收。复印的5篇论文，我想留下，以后有机会再读一读。估计这些复印件对你们也不会有什么用处了。

此致

敬礼

季羡林

1984年4月4日

* 陈克辉，某杂志编辑。

致黄伟经的两封信*

一

伟经同志：

来信并赐寄的《随笔》均已收到。谢谢！

说真话，我是非常喜爱这个刊物的。因为我从小就喜欢写点散文随笔之类的文章，五十多年来，虽然所志不专，成就不大，但是至今仍然锲而不舍，只要心中确有所感，不管多么忙，还是要写下来的。

现在遵命寄上拙作一篇《〈家庭中的泰戈尔〉译序》，请加审处。非敢滥竽充数，不过略表自己对《随笔》的敬意，愿意为中国散文随笔的进一步发展竭尽绵薄而已。

此致

敬礼

季羡林

1985年1月19日

二

伟经：

屡承索稿，都无以应命，实在惭愧！原因是我去年一年，因为努力写一本书和几篇大块文章，散文好像是根本没有写过。

偶捡旧稿，竟有一篇漏网之鱼，从来没有发表过。看了一遍，觉得还有意思。

---

* 黄伟经，曾任《南方时报》记者，时任《随笔》杂志主编。

对日内瓦山水的描绘当然不会过时，就是对美国大兵而言，他们当时确是这样干的，给他们留一点行动的写照，也不无意义，因此我就重抄了一遍——三十年前的纸已经又黄又脆，非重抄不行了。今寄上，请法眼加以鉴定，看看能否为贵刊补白。以后，倘有比较满意的新作，我决不会忘记《随笔》的。

季羡林

1992年2月12日

致帰山绫子的信*

帰山绫子女士并其他诸位女士：

大札奉悉，赐寄横滨名产喜乐煎饼，也已收到，感荷无量。

箱根邂逅诸位女士，给我留下了深刻的印象，将永远忆念难忘。从你们身上可以看到中日人民之间的友谊确实是根深蒂固，源远流长。我们两国人民一定能世世代代永远友好下去。

敬请

暑安

季羡林

1986 年 7 月 12 日

（注：季先生说，信写得朴素无华，却充满了感情。我立刻写了封回信。）

附：帰山绫子写给季羡林的信

季羡林先生：

前些日子有幸在箱根王子饭店见到您，并承先生赐字，一起合影留念，不胜感激。我将万分珍视这次意想不到的初次会面。

---

* 帰山绫子，日本友人。

从室伏那儿得知先生在贵国担任着重要的工作。望多多保重身体，并祝先生取得更大的成绩。

昨天我给先生寄去了横滨传统的点心——喜乐煎饼，请先生和各位品尝，如能合先生口味，将不胜欣慰。

请向担任翻译的女士问候。

四年前我曾去贵国做过一次愉快的旅行，在北京住了三天，在大同住了三天。

我思念中国，怀念平易近人的先生，并期待着能与先生再次见面。怀此心情给您写了这封信。

婦山绫子

1986 年 6 月 28 日

（李强译）

致张格的信*

张格弟：

张茂才老师是六十年前我在初中读书时的图画教员，我于绘画没有才能，肯定不会给张老师留下什么印象。但是张老师留给我的印象却是十分深刻的：态度和蔼，循循善诱。我相信，这个美好的印象将会永远留在我的记忆中。

遵嘱写好了几句话，草草不恭，请谅。

代我向庞德治同志致意。

即祝

近安

古稀弟子季羡林

1986 年 7 月 11 日

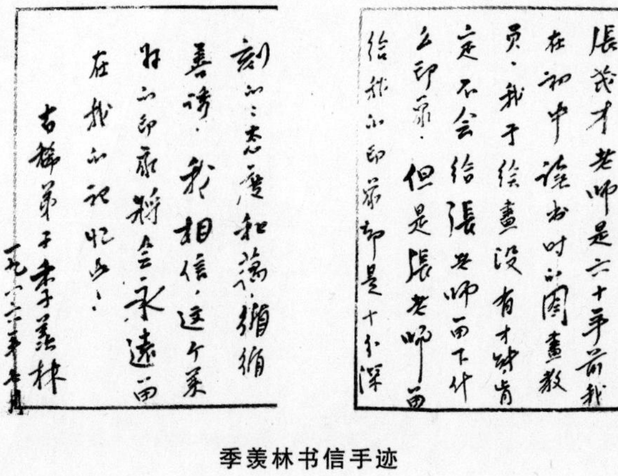

張茂才老师是六十年前我在初中读书时的图画教员，我于绘画没有才能，肯定不会给張老师留下什么印象。但是張老师留给我的印象却是十分深刻的：态度和蔼，循循善诱。我相信，这个美好的印象将会永远留在我的记忆中。

古稀弟子季羡林 一九八六年七月十一日

季羡林书信手迹

* 张格系正谊中学图画教员张茂才之子，季羡林的这封信是通过中国美术馆研究部的李曦林转给他的。

致刘良海的信*

刘良海同志：

函悉。

我不是什么哲学家，在哲学上没有什么主要观点。不敢在《世界哲学家辞典》中滥竽。

即祝

敬礼

北京大学　季羡林

1987 年 12 月 26 日

---

* 刘良海，山东省社会科学院哲学所研究员。

致人民政协报副刊编辑邹士方的信

一

士方同志：

来函及赐寄大作均收到，谢谢！最近一段连续开会。过几天，游过了“会海”之后，一定认真读一读大作，写一点读后印象之类的文字，寄上。拙作《散文集》早已将您列入赠送名单之中，只由于上述原因，未能及早寄上，请原谅。现将拙著寄上，请指正。

即祝

秋安

季羡林

1987年10日14日

二

士方：

非常对不起，现在才写信，秋天一到，我就要流鼻涕、气喘，外国人所说枯草热。

你的书我已经读过，我一定会写点东西来推荐介绍的。只是目前还不行。等到天气真正冷了起来，我才能从枯草热中解放出来。

即颂

近安

季羡林

1988年9月15日

三

士方：

寄来的报纸收到了，谢谢！

我在《瞭望》第 44 期上（1988 年 10 月 31 日）写了一篇推荐你的大著的短文。我以为你已经看到了，看样子是还没有看到。《瞭望》并不难找。

即颂

冬安

季羡林

1988 年 12 月 1 日冬

致张乘健的信*

乘健同志：

大函收到，谢谢。

学术界不正之风，古已有之，于是为烈。

大著如已发表，可否赐寄一份，以广见闻？

所提问题，简复如下：

一、香山，梵文是 Gandhagin，与 Gandharva 是两个字。Gandha 义云“香”，gin，“山”，佛经译者有时把二字弄混。

二、天女化鹤的故事，汉译佛典中没有发现。这类故事，如果用比较童话学或比较民间传说的手法来研究，恐怕会有不少重要的发现。

三、田章的来源我没有研究过。

四、关于变文“变”字的来源问题已经争论了几十年，至今没有定论。关先生的说法只是众说之一说。归纳起来，大概不外两种：一是音译，一是意译。我以前也考虑过这个问题，曾经获得重要线索，但是可惜梵籍残缺，无从着手。

尚祈时赐教言。即祝

近安

季羡林

1987 年 5 月 25 日

---

* 张乘健，温州大学人文学院副教授。

致蔡德贵的信*

一

德贵同志：

二十六日来信收到。

猥蒙厚爱，把我列入“哲学家”。现在请你把具体的要求告诉我，你们需要一些什么材料？我看，你还是非常了解情况的，连关于提婆达多的文章，你都注意到了。

《文史哲》，我一向认为是一份有水平的学术刊物，有口皆碑。要我提供文章，这是一种光荣。但是我写的东西，只要我自己认真从事的，其中难免有一些古怪字母。这种文章送给人家，给排印造成困难，我心里每每感到不安。这是我真正的“活思想”。

即祝

近安

季羡林

1988年1月28日

二

德贵同志：

函悉。

尊著《阿拉伯哲学史》早已收到，未能及时作复，乞谅。

---

* 蔡德贵，山东大学哲学与社会发展学院教授、季羡林研究所副所长。

我对阿拉伯哲学一窍不通，你问我的意见，等于问道于盲。我希望你能把尊著寄给过去东语系的阿拉伯专业的同学。比如上外的朱威烈，北外的归运昌。他们现在都已成为系一级的领导人了。

再次感谢你的书和信。

即祝

近安！并贺

年禧

季羡林

1992 年 12 月 20 日

三

德贵兄：

来函奉悉。

蒙你推毂，《文史哲》垂青，拙稿《清代的甘蔗种植和制糖术》能在蜚声国内外的学术刊物上发表，实感荣幸，谨致谢意。

稿子正在整理中，不久当能寄上，广东寄来的材料中有几个字难以辨认，已去函询问，将来出校样时可以改正补充。

关于介绍我的材料，“帽子”不要戴得太高，我自己感到既感且愧，请斟酌下笔。

寄你我的照片，将来同稿子一同奉上，此稿近十万字。如两期不能容纳，亦可分三期刊载，悉听尊便。编委会同志祈代我致谢意。祝

好

季羡林

1995 年 7 月 5 日

四

德贵兄：

大函奉悉。

你愿意同康曼敏写我的传，我感到非常光荣。去年已有人同我联系，谈到写传

的事情，我还没有答复他们。你写的那一篇，我个人觉得写得非常好，说句实话：实在超出我原来的期望。别人也说非常好，首先是文笔流利生动，有很高的水平。现在既然你们想写，我完全同意。即使别人想写，角度也不会相同。“八仙过海，各显神通”吧，其实我这个人也没有多少可写的。我只希望不要溢美，实事求是更能动人。第三章二“济南一中”，应改为“济南高中”。康曼敏处我已经寄去一篇散文。祝

新春快乐

季羡林

1996年2月1日

另寄上一册刚出版的《季羡林散文选集》，对你或许有点用处。

致郑子瑜的信*

子瑜先生左右：

手示奉悉。大著《修辞学论文集》已由王瑶先生转来。匆匆拜读一遍，集内精彩新意，层见叠出，十分敬佩。原以为修辞学为十分枯燥之学问，然而在先生笔下却是灵气内转，读来如行云流水，到处逸趣横生。

今岁十一月初可能来港，当面聆教诲。

即请

撰安

季羡林

1988年8月3日

---

* 郑子瑜，新加坡友人，研究中国修辞学的著名学者。

致陈子善的信*

子善同志：

示悉。

另寄上一册《散文集》，请查收，指正。

《送礼》一文，系遗漏，蒙赐知，甚感。我写了一篇悼念梁实秋先生的文章，发表在《中国建设》上，据说早已出版，因负责人出差，我尚未收到该杂志。

1946 年春我从德国回国，去南京闲住，同梁先生往还极多，他给我留下了非常好的印象。到北京，又继续往还。

即祝

撰安！

季羡林

1988 年 9 月 15 日

---

* 陈子善，男，1948 年 12 月出生，上海市人。曾任华东师范大学图书馆副馆长，现为华东师范大学中文系教授、博士生导师，中国现代文学数据与研究中心主任。

致李明伟的信*

对尊著①有了一个大体的了解，颇有所感，立即按照尊嘱写了一篇序，今寄上，请加审处。至于让我题写书名，这却确是一个难题。我平常不用毛笔写字，为时已久。你居然想到我的所谓“书法”，颇有赶鸭子上架的意味，盛情难却，我决心做一次上架的鸭子，书名也一并寄上。如果认为实在难看，可以弃而不用。

季羡林

1990 年 4 月 20 日

---

* 李明伟，广西师大美术学院教授。

① 指《丝绸之路与西北经济社会研究》（甘肃人民出版社 1992 年版）。

致马曜的一封信*

马曜先生：

多少年来，中国史学界就嚷着要利用今天（指解放后初期的一段时间）还停留在比较原始阶段的少数民族的资料，去解决中国历史上争论不休迄无结论的社会历史分期问题。但是像样的著作还没有见到，不意到了90年代竟能读到你们的著作，我个人确实是大开眼界。

我相信，在中国史学界也会引起广泛的注意。

季羡林

1990年1月

---

* 马曜（1911～2006），白族，原云南民族学院院长。著名历史学家、教育家、诗人。《西双版纳份地制与西周井田制比较研究》，马曜、缪鸾和著，云南人民出版社1989年12月第1版。季羡林先生看到本书后，就写了这封信。

一点希望——致藏学研究中心

藏学研究中心：

在全世界范围内，藏学已经渐渐成为显学。欧、美、日本许多大学里都设有专门研究机构，对西藏的历史、宗教、语言、文学、民俗、艺术等等，进行深入细致、认真严肃的研究，已经取得了累累的成果。世界各国研究佛教者几乎更是非通藏文不行，因为藏文里保存了大量印度梵文佛典的译文，原文已佚，汉译佛典中也找不到，不通藏文，研究就难以进行。这是一种非常可喜的现象。藏学的根源当然是中国西藏。我国藏族有长久的文化传统、藏学研究也有悠久的历史。汉族文学者中也有不少对西藏的语言、文字、宗教、历史发生兴趣的。近若干年以来，他们写了大量水平很高的专著和论文。这当然又是一种非常可喜的现象。

同世界各国研究藏学的水平相比，我们当然是占优势的。但是，我们也有不足之处。对此我们决不能执行鸵鸟政策，或者视而不见，这是自欺欺人的行为，为我辈所不应取。论藏文使用水平，外国学者当然不如我们。但是论辅助条件，论科学的研究方法，则外国藏学者又往往超过我们。我们决不能夜郎自大，固步自封，鹤鹳饮海，井蛙观天。这样是绝无进步可言的。据我个人的看法，我们最大的弱点是对于国外研究情况不甚了了，信息极不灵通，甚至连想了解的愿望都没有。国外藏学研究的专著和杂志也十分不全。这是非常危险的，是阻碍我们科学研究进步的。当今之计，我们必须广通声气，急起直追，而且需要汉藏两族的学者密切协作，携手共进，取长补短，互相学习，决不能划地为界，自立营垒。能做到这一步，我国的藏学研究就能大踏步前进，为这一门学科开辟新天地，大放异彩，无愧于我们伟大国家的声望和地位。

季羡林

1990 年 10 月 20 日

致丁椿寿的信*

丁椿寿同志：

陈寅恪先生七十年前曾指出，要想弄清楚汉语的真相，必须进行藏缅语系比较语言学的研究。然而七十年间，未见真有分量的著作，连没有分量的著作也极少见。先生的大著《汉彝缅语比较研究》①，体大精思，严谨可靠，实可为中国学术界庆。

季羡林

1991 年

---

* 丁椿寿，曾在西南民族学院任教，主要研究专长：汉语、藏缅区域语言、民族古文字、语文比较教学法。

① 《汉彝缅语比较研究》，贵州民族出版社 1991 年版，由贵州省学术著作出版基金会资助出版。

致王钧林的两封信*

一

钧林同志：

来函早已收到，因杂事太多，又出国一次，直到今天才答复，实在抱歉，请原谅。

我的老师王崑玉先生确实就是你信上提到的你的二爷爷。他是我生平遇到的最令人尊敬、最令人怀念的师长之一。但是我对他的生平却了解得不多。我只知道他博学能文，为人正直，深得学生敬爱。他曾把他的文章稿本拿给我看过，是桐城派的追随者。

你信上提到想整理崑玉先生父子的诗文集，这实在是一件大好事，我非常赞成，希望你能从速下手。这对你们莱阳、对山东，甚至对中国都是一个有意义的贡献。当然，整理后能否出版，殊不可知。将来我们一定多方设法，期能出版。此是后话，现在暂且不谈。

敬祝

近安

我补上一句：王老师在山东大学（或青岛大学）教过书。

季羡林

1991年7月10日

---

* 王钧林，山东师大齐鲁文化研究中心研究员。

二

钧林同志：

真正是非常对不起。你半年多前的信，现在才答复，原因是我每天收到大量的信件，稍一积压，就不容易再找到，你的信碰巧我又找到了，所以赶快写这封信。

王崑玉先生确实就是我在济南北园山东大学附设高中读书的业师，王老师的道德文章给我留下了深刻的印象，毕生难忘。

我们师生的关系是非常好的，他曾把他的文集稿本拿给我看，他是桐城派的拥护者，文章非常有功力。像他这样的古文大家，当时已如凤毛麟角，而今更是杳如黄鹤了。

他的情况我了解得亦不多，他的文稿《希古斋文集》现在何处？希望能够加以妥善保管，俾不至散失。

即祝

近安

季羡林

1992 年 2 月 2 日

致庞德治的三封信*

一

德治同志：

兹介绍北大东语系张光璘同志（党员、副教授级）前来，祈拨冗接见，详情面谈。

敬礼

季羡林

1992年6月1日

二

德治兄：

大作已读过，我加了一小段。

祝

好

季羡林

1996年3月5日

---

* 庞德治，济南一中退休教师。

三

德治兄：

康兄转来你整理好的录音稿，谢谢！

两次发言，我都加上了题目，否则会使人“丈二和尚摸不着头脑”。

第一次发言比较乱，是否可以请你稍加整理，删掉一些重复过多的地方，以清眉目。

请代我向校领导和师生致敬。

即祝

近安

季羡林

1997 年 11 月 18 日

致朱贵生的信*

贵生同志：

1992年2月11日来函奉悉，感谢之至！

我自己那些关于东西方文化盛衰消长的意见，蒙您寄Datprithipaul教授，竟能得到他们的同意，非常高兴。Datprithipaul教授想到中国任教，我个人认为是一件好事。可惜北大研究印度和东方宗教的学生几乎没有。东语系有印地语和梵语。当然，重点是放在学习语言上，目前还谈不上专门研究印度哲学和宗教。东语系有一些外籍教师，都是教现代语言的，因此，这件事目前难以进行，将来如果有这方面的国际讨论会，倒是可以请Datprithipaul教授参加。但是，您肯定知道的，所有的费用都必须由他自己承担。因为我国的经济情况就是这样，我辈实无能为力。

再一次致诚挚的谢意，即祝

近安

季羡林

1992年2月17日

---

* 朱贵生，中国社会科学院世界史所研究员。

致高成鸢的信*

一

成鸢同志：

函悉。

国际伦理学讨论会开会时间和地点，都还没有确定，将来一旦确定，我将努力推荐。

即祝

近安

季羡林

1993年1月27日

二

成鸢先生：

手示奉悉。

遵嘱写一封推荐信，希望能得到积极的结果。

---

* 高成鸢，天津图书馆研究馆员、天津社会科学院特约研究员。曾独立完成国家史学课题，成果《中华尊老文化探究》1999年由中国社会科学出版社出版，被选定为“中国社会科学院建国50周年献礼图书”。现从事中国饮食史研究。

祝

近安

季羡林

1995 年 4 月 25 日

附：致韩国国际交流基金的信

韩国国际交流基金敬启者：

尊老是以中国、韩国文化为中心的东方文化的精华。尊老报德是我们的优良传统，在西方实用主义社会中鲜为人知。天津图书馆高成鸢先生从事“中韩尊老史比较研究”之著作与研究，实为弘扬东方文化、振兴东方伦理道德、拯救世界道德沦丧之重要措施。因敢郑重推荐，诚望贵基金能在经济方面予以赞助，共成盛举。

推荐人

中国东方文化研究会会长、北京大学教授　季羡林

1995 年 4 月 25 日

关于《四库全书》的两封信*

一

《读书》编辑部：

今天写信，只有一个目的，就是谈一谈《读书》上发表的诗、文讽刺挖苦《四库全书存目丛书》的问题。你们是消息灵通人士，关于《存目》和另外一套类似的丛书的关系和产生过程，不会不知道。最早想出出《存目丛书》的主意的是中国东方研究会的刘俊文教授，这里面就有了一个先来后到问题。有人再想出《存目丛书》，就应该慎重考虑是否妥当。我不懂《专利法》，这里大概没有专利的问题，但是我们文化人似乎应该考虑一个道义问题。然而事实上却不然，双方唱起了对台戏。我方并没有登台。

《存目丛书》的产生过程就是这样，之所以造成目前这种局面，《存目》方面无咎可辞。至于《四库全书》和《四库存目》是怎样产生的，文章已多，我不必重复。总之，在乾隆直接的主持下，动员了一大批雇员和学者——光是学者就有四千多人——可说是倾全国之力，完成了这一部大书。乾隆的政治目的是司马昭之心，路人皆知。编纂者在个别地方有所删削，这也是事实。鲁迅先生曾谈过这个问题，称之为“四库残书”，也不能说毫无根据。但是到了今天，几百年过去了。事实证明了《四库全书》还是有用的。台湾商务印书馆影印了文渊阁本的《四库全书》，上海古籍出版社又在大陆上转印，一销而光。如果没有用的话，为什么有人出钱买呢？我们是动机与效果统一论者，社会效果起决定作用。根据我个人的经验和体会，我觉得《四库全书》的用处或者功绩表现在两个方面：一个是查起来方便，我最近写《糖史》，很多资料就来自《四库全书》，我不管春夏秋冬，不顾酷暑严寒，几乎天天

---

* 关于整理重印古籍，特别是《四库全书》，《读书》曾载文有所论说。并收到北京大学季羡林教授两次来信，对一些说法有不同意见。两封信于《读书》1995 年第 5 期刊发。

跑一趟北大图书馆，主要的吸引力就来自那里的《四库全书》。第二个功绩是《四库全书》保留了一些如果不搜集在一起就会散佚的古籍，关于这一点，王绍曾先生在《光明日报》上发表的文章论之详矣，请你们参看一下。我们现在搞的《四库全书存目丛书》，就是当年由于种种原因，没有收入《四库全书》的那一大批书，详情无法在这里叙述。我们坚决相信，《存目》会起到同《四库全书》一样的作用。我有点博士卖驴的意味了，说了半天，还没有谈到主题。我的主题就是你们杂志上连续发表的妙文和妙画，我不理解为什么有几件对弘扬中华民族优秀文化极为有利的事，你们偏偏出来唱反调。中华人民共和国有言论自由，但也有反讽刺挖苦的自由，在法律面前人人平等。我本来想充当一次哑巴，现在已经逼到哑巴头上，不说话不行了。我且以小人之心度君子之腹，我总怀疑，你们并不知道什么叫《四库全书》。你们不妨驾临图书馆去翻阅几分钟，这样总比闭着眼睛瞎说要好，这样也能保护你们自己的面子。我还有进一步的猜度。当前有三“大”，可你们挖苦讽刺了《四库存目》和《传世藏书》，对那一个最大的“大”却只字不提，原因究竟何在呢？是你们不知道吗？还是有不可告人的隐秘？本来还想写下去的，但信确已太长了，最后我想问一句：你们有没有勇气把我这封信在《读书》上作为“读者来信”发表？

祝好

季羡林

1995 年 2 月 16 日

二

《读书》编辑部：

昨天早晨写了一封长信，有渎清神，心甚不安。但是，我如骨鲠在喉，一吐为快，不得不写，不过我自觉吐得还不够。昨天既然吐过了，今天不妨再继续倾吐。我们相识也有些年头了，把我的想法吐给你们也是应该的。我今天不再卖驴了，开门见山，只谈“续修”《四库全书》的问题。谈到“续修”，我举双手赞成。如果我是千手千眼佛的话，我会把一千只手都举起来，但是，关键问题不在修不修，而是怎样“续”修。既然讲“续”，我不妨先谈一点“续”的对象《四库全书》本身修的情况，这情况知道的人并不少，但是我总觉得当今有一些人，与这件事有关的人知道得不够，还有点不深刻，所以我再重谈一下。乾隆皇帝亲自干预《四库全书》的工作，几次下诏向全国各地征书，于乾隆三十八年设“四库全书馆”，任刘统勋、于敏中等 16 人为总裁，副总裁 14 人，下设“总阅处”22 人，“总纂处”53 人，以纪昀、陆赐熊、孙士毅为总纂官，以陆费墀为总校官，设局誊抄，任官督促监造，参其事者共4403人，包括全国著名学者戴震、邵晋涵、周永年、王念孙、任大椿、俞大猷、翁方纲、朱筠、姚鼐、卢文等370余人。用了十年的工夫，才综编抄录第一部，每书前冠“提要”一篇。一个封建帝王，不管是出于什么动机，修《四库全书》竟然动用了许多大学士（宰相）和全国学者来从事这件工作，用力何其巨，考虑何其周详！我们今天已经“换了人间”，是社会主义大国，我们要干这一件大事，实应该动员十倍的力量，考虑应该周详到一千倍，其结果才可能“尽如人意”。这是明摆着的事实，难道还需要详细论证吗？可是——一个天大的“可是”，我们今天想干这一件大事的一些学者们还有一些什么们，只想动用极少的人力，不管是为了什么目的，似乎有点仓猝上马。我实在有点忧心忡忡！

谈到“修”，我认为至少应该包括两项工作：一是选书，二是写提要。乾隆以后出了多少书，我没见过统计，不知道有多少，但是其量极大，这是可以肯定的。从这浩如烟海的书中选出一小部分，纳入《续修四库全书》，需要极大的人力、物力，最重要的还有学力。应该动员全国的知识界的力量，包括港、澳、台学者的群策群力，方克有成。少数几个人就想包揽这件工作，“自信”不是太强了一点，野心不是太大了一点吗？中国古话说：“人贵有自知之明”，我希望有关人士仔细考虑一下，为了中国，也为了你们自己。再谈写“提要”。《四库全书》提要，我自己读了不少，我自认有资格讲话，不是空口说白话，总之，一句话，我认为纪晓岚等写的“提要”是惊人的，非仔细通读全书是写不出来的。内容有分析，有比较，指出缺点，点出优点，连原书中引文错误的地方都一一指出。像纪晓岚这样的人，我们现在不可能再出，不是我们聪明能力不够，而是所骛太多，不能像纪那样专一。尽管《提要》中还有缺点和错误，已经有许多学者，比如余嘉锡等指出，然而其功是不可泯的。今天我们写提要，必须超过纪晓岚，唯一的办法就是群策群力，乾隆动员四千人，我们动员四万人，在群众讨论的基础上，由真正的专家来执笔。这样水平才能有保证，现在只有少数一部分人来承担，其中风险，不问可知矣。总而言之，续修《四库全书》是万分应该做的工作，但必须十分慎重考虑，决不能不管是出于什么动机，就仓猝登台。登台唱了好戏是“了不得”，戏唱砸了就“不得了”。照目前这样的做法，我很担心，将来有下不了台的一天，勿谓言之不预也。信又已经写得太长了，我并不要求你们现在就发表这一封信，我只是想把我的想法告诉你们一声而已。这样一封信在国内眼前是发表不了的，其中原因，你知我知。但是我仍然想发表，至于如何发表，现在先不必说，信中并无泄露国家的机密之处，没有辫子可抓。我只是感觉到文化学术界这样的一件大事，事关我们全体的名声，我不能不说几句话，私心不能没有一点，但是主要出之公心。又渎清神，再请原谅。

祝好

再附上一首从前听过的“诗”：人道上台好，今朝我上台。要知下不去，何如不上来！

季羡林

1995 年 2 月 17 日晨

致萧乾的信*

乾兄、洁若姐:

韩国归来，看到你们寄来的书，狂喜不已。

可是有一本书你们却没有寄，这就是《尤利西斯》第二册。我只有第一册。因此我觍颜向你们索取。现在全国图书奖第二次评奖大会已正式开始工作，我又滥竽评委，此书出版社如申报，必在考虑之列。

祝

秋安

弟　季羡林

1995 年 10 月 15 日

---

* 萧乾（1910～1999），中国现代作家、文学翻译家。

致康曼敏的两封信*

一

曼敏女士：

蒙以长途电话约稿，非常感激，但你的话我不一定全听明白，是否也纪念湖南文艺出版社创办40周年？我文章是这样写的，如果我听错了，请你把我的“序”加以改正，去掉这一句话，将“一举三得”改为“一举两得”，就“天衣无缝”了。

这是一篇旧文章，但从未发表过，这次重抄，仅改了几个地方，原文基本没动，能否上《芙蓉》，也请法眼鉴定。

即祝

撰安并恭贺新年

季羡林

1996年1月2日

二

曼敏同志：

久未通函，想近况定当佳胜。

《芙蓉》出版已久，我这里至今尚未收到，是否可以寄一两本给我，上面有我写的文章和蔡德贵兄关于我的文章，我颇想一读为快。

祝

夏安

季羡林

1996年6月7日

---

* 康曼敏，湖南文艺出版社编审。

致曹顺庆的信*

顺庆兄：

赐寄的三本书均已收到，感谢之至。我兄眼界开阔，创新极多，可喜可庆。

季羡林

1996年11月20日

---

* 曹顺庆，四川大学文学与新闻学院院长、教授，中国比较文学学会副会长。

致穆棣的信*

穆棣先生：

蒙赐尊大著《〈韭花帖〉系列考》，感动无量。

我于书法，纯系外行，但观大著诸序，以及内容考辨，深感先生发潜德之幽光，为中国书法做出重要贡献，甚佩，甚佩。

任兹旧历春节即将来临之际，遥祝

新春万福

季羡林

1997年2月9日

---

* 穆棣，无锡人，中国书法家协会会员，小楷特见称于世。

致俞伟超的信*

伟超同志：

兹介绍湖北社会科学院陈昕先生前来拜谒，请拨冗接见。他主要谈编纂《长江文化研究文库》事宜，你在这方面确是专家内行，祈不吝赐教。

即祝

夏安

季羡林

1997年8月28日

---

* 俞伟超（1933～2003），考古学家，曾任中国历史博物馆馆长。

致韩小蕙的信*

小蕙：

你好！我现在难得写什么抒情的散文，写了几篇，也被别人抢走。这好像是怠慢了《文荟》，实则我一时一刻也没有忘记《文荟》，我的《赋得永久的悔》等等拙作都是首先发表在《文荟》上的。

现在又写了一篇《两行写在泥土地上的字》，自己还难判断写得是好是坏。现寄上，请法眼加以鉴定。

祝

撰安！

季羡林

1998年9月26日

* 韩小蕙，《光明日报》记者、中国散文学会常务理事。

致凌敏的信*

凌敏同志：

1998年8月10日，悉。关于函中提到出书事，非常感谢您的关照。我很多文章均已发表过，再出集子，过于重复，如书名定《季羡林文集》怕不妥。你意如何？这样读者会有意见的。

请你们慎重考虑。近来，我因近期视力不佳，不能再回复来往信函。有关事宜，我请李玉洁同志帮忙打理来信，故不再回函。

另外，关于你社来人培训的事，我没有过多指问研究部的事，且我身边有四个博士生要毕业了，正忙着给他们讲课。下年，我身体原因，可能不再带博士生了。你提到安徽大学的学生要到北大来，我不再过问！力不从心。请你社慎重考虑！慎重考虑！再一次谢谢！

祝好。

此致

礼！

季羡林

1998年8月21日

---

* 凌敏，在安徽某出版社工作。

致汤一介的信*

一

一介：

初步方案写得干净利落，论理深透，极为得体。

你的口气好像是由北大一家独办，我们的力量够不够呢？我并不反对一家独办。①

祝

好

季羡林

2002年11月12日

二

一介：

昨晚，我又比较仔细地看了看××大学的文件，我的意见都写在上面了。不一定都正确。同这样水平的人合作，还真有点困难，请你再加以考虑。(信旁边写：那一天会上，×××有一句话：《四库全书》就是儒藏的一个形式。)

座谈会最好能请安平秋和古籍整理小组的什么人参加，此事可多与庞朴洽商，他是一个有思想的人。

---

* 汤一介，北京大学哲学家教授，中国哲学与文化研究所所长。

① 这处以下省去两行。

祝

好

季羡林

2002 年 11 月 11 日

三

一介兄[①]：

11 月 27 日《儒藏》座谈会，今天我因病不能出席，请原谅！现在海内外都有一种论调，说 21 世纪将是中国文化重现辉煌的时期。在国内，根据权威人士传递的信息，是我亲耳所闻，不可能不真实，中央将以两（2）年的时间致力于弘扬人文社会科学，这真是二美具，吉星照。我们正在此筹措编纂《儒藏》。

关于《儒藏》的学术意义，请在座的专家讲，我只提几点有关的意见。

一、从人力上来讲，北大有能力完成这一艰巨任务，但我认为，倘能与有关的真正对国学有研究的机关、大学，甚至个人合作，这样编出来的书带有普遍意义，能成为中国学术界甚至世界学术界公认的有价值的著作。

二、书目编成后，尽量用不同的形式征求各方面的意见。

三、书成后出版形式不出两途：一是影印，一是标点重排。前者可见原书形象，有利于收藏。后者便于利用。

季羡林

2002 年 11 月 27 日

---

① 这封信于 2002 年 11 月 27 日在《北京大学校报》刊发。

致张明（朊）的信*

一

朊弟如晤：

手示奉悉。

久未通函致敬，则深想念。

愚兄正年届九一，可说老矣，幸贱躯尚顽健，可慰远怀。

蒙衍圣公宠赐对联，实为莫大光荣，此皆出我弟之赐，铭感于内矣。

何时来京，万望来寒舍晤谈。

即祝

马年万福

愚兄　季羡林

2002 年 2 月 15 日

衍圣公处请代我致敬，我不知其通信处。

又及

二

朊弟如晤

手示奉悉。

孔德成先生如能访问大陆，还乡祭祖，实为当今盛事，但据我与有关方面联系之结果，孔先生在京之亲属曾多次与之商议，请其还乡，均遭拒绝。倘孔先生仍坚持原有态度，则吾弟之良好愿望恐亦徒劳。为今之计，请吾弟设法摸清孔先生目前

---

* 张明，季羡林朋友，台湾人，现居青岛。

之态度，然后再进行下一步之工作。至于大陆方面之邀请，绝无问题也。至于平反事，则中共中央果已做大决定，昭告天下，彻底否定、批判所谓文化大革命，此乃最广泛之平反。

敬祝

平安

愚兄　季羡林

2002 年 4 月 7 日

三

莼弟如晤：

来函敬悉。

既然孔德成先生不肯回乡，吾辈焉能勉强！此事只能做到如此地步。

感谢你邀我还乡，盛意可感，但目前尚无可能。我虽以老朽昏庸，杂事尚多，为他人作嫁衣裳之事尚难一概推掉，只能俟诸异日矣，再一次诚致谢意！

溽暑已至，万望善自珍摄，当年济南故人所余无几矣。

即祝

夏安

愚兄季羡林

2002 年 6 月 11 日

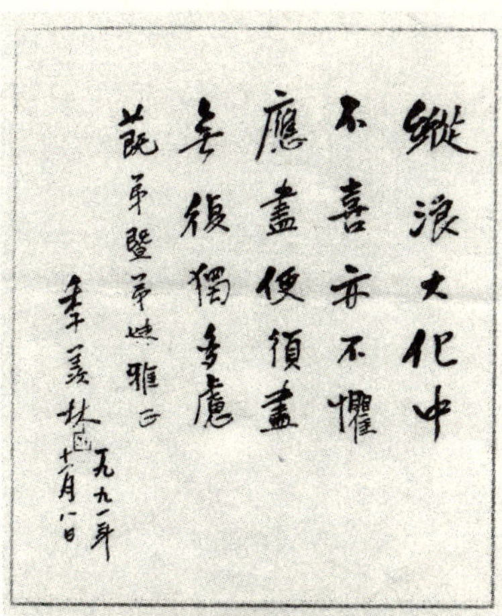

季先生为张明先生书陶渊明诗

致作家出版社编辑的信

编辑同志：

张光璘同志的稿子，看了一遍，觉得很不错，我改了几处，付印时一定要根据我的核定本。

我只想加上一句话：张光璘写的都是我的过五关、斩六将，没有写我的夜走麦城。

季羡林

2003年6月13日

301医院

致林毅夫的信*

毅夫先生：

创业维艰，古有明训。先生于10年前邀集同志数人于北大创办中国经济研究中心，曾几何时，而硕果累累矣。羡林于经济为外行，而对研究成绩之扩散则向有所闻，言之者赞誉交加，闻之者神驰其间。希望你能持之以恒，继续办下去，期能取得更大的成绩，为祖国的建设增砖添瓦。

季羡林

2004年9月17日

---

* 林毅夫，世界银行首席经济学家兼负责发展经济学的高级副行长，曾任北京大学中国经济研究中心主任。

致王昆的信*

王昆同志：

鼎鼎大名的王昆竟然垂青于我，亲自赐函，并赐我以“大师”称号，使我感愧交加，毛骨悚然。所谈之事，当然“仰”允（不是俯允）。

季羡林

2004年5月30日

附：王昆致季羡林的信

尊敬的季羡林大师：

我叫王昆，是原东方歌舞团的第二任团长，周七月的妈妈，我们见过面。读了您的《牛棚杂忆》后，自认为是您同心通心的朋友，不知您是否记得我？

季先生，您知道在中国以至在世界上有多少人尊敬您，佩服您，崇拜您吗？可能您估计不出来，我当然也不知道具体的数字，但我知道真实的数字比您知道的和估计的要多得多得多。

常言道“青春是可贵的”，今年我也已在吃80岁的饭，走80岁的路了，因此体会到“老春”更可贵，听说您以94岁高龄在病榻上仍每天都在写作，可敬！可佩！为了不浪费你黄金般的“老春”时光，恕我开门见山向您报告一个信息：您是大学者，当然是唯物主义者，希望不会因我的冒昧而生气吧？我的朋友张世义先生，原是我团的业务办公室主任，他是个非常有正义感的好人。文革中我被红卫兵虐待，

* 王昆，歌唱家，曾任东方歌舞团团长。

不给饭吃，张先生给我送来饭菜和水果。近年来他在河北易县清西陵（清西陵已被联合国科教文组织批准为世界文化遗产保护单位）内开发了一个华龙皇家陵园，其中专门开辟了一块“文化名人苑”墓地，我的老伴周巍峙为他题写了苑名。文化名人苑中已有著名指挥家李德伦先“入住”了。这两年有许多青年和学生们去凭吊他、瞻仰他。那里环境优美，张先生准备把“文化名人苑”办成一个文化品位很高的胜地。话剧表演艺术家于是之，年龄不算大，但身体不好，他已决定将来以那里为归宿了。名人苑准备请李锐将来也到那里去。张先生很仰慕您，想赠 20 米^2 墓地给您，请您以“文化名人苑”为归宿。那里将来都是好人“居住”之地，绝不会让您和那些您不愿为伍者同眠，将来我们夫妇也会去那里。如我先您而“入住”，我在那边等您。（古语说：黄泉路上无老少，何况我也是 80 岁的人了呢。）先生如先去，请在那边等着我们，咱们好在另一重天地里聊聊天，畅谈我们在这一边没来得及畅谈的话语。

这个“文化名人苑”将是一块使后人“流连忘返”、“美不胜收”，并且灵魂能得到净化的园地，在那里长眠的人，都不能再“吃草”了，但仍旧可以为后人奉献“乳汁”，先生见多识广，比我更懂得墓地文化的精神价值。

不当之处请原谅，

等待您的指示。

王昆

2004 年 5 月 3 日

致林庚的信*

静希兄：

祝贺九六大庆。

从我们友谊之久、之笃来看，克家一走，唯兄独占鳌头矣。

在清华时，你写过一首诗：

破晓时天旁的水声，
深林中老虎的眼睛。

又随便说了一句话：

感觉进化论，未加解释。我却至今难忘。你不以文艺家自命，但是从你这些简短语言中，我深受影响，至今70年未曾忘记。值此庆寿之际，我却想再提出来，不知你自己还记得否？你我都是老实人，不喜作惊人之谈。

弟季羡林己酉春
301医院

* 林庚（1910～2006），现代诗人，曾任北京大学中文系教授，季羡林的大学同学。这封信是季羡林2005年在301医院写的。

致高丽书记、寓群省长的信*

高丽书记、寓群省长：

作为一个从山东走出来的老人，自知对山东没有作出什么贡献，但得到山东父老如此厚爱，省委省政府又拨专款建有关我的研究所，我只有最最诚挚的谢意。

此致

敬礼

季羡林

2006年9月8日

* 高丽指张高丽，时为山东省委书记。寓群，指韩寓群，为山东省省长。

致温家宝总理的信

温总理：

我现在需要一位助手，山东大学蔡德贵同志是我多年的老友，他最适合担任这个工作。

敬礼

季羡林

2008年10月1日

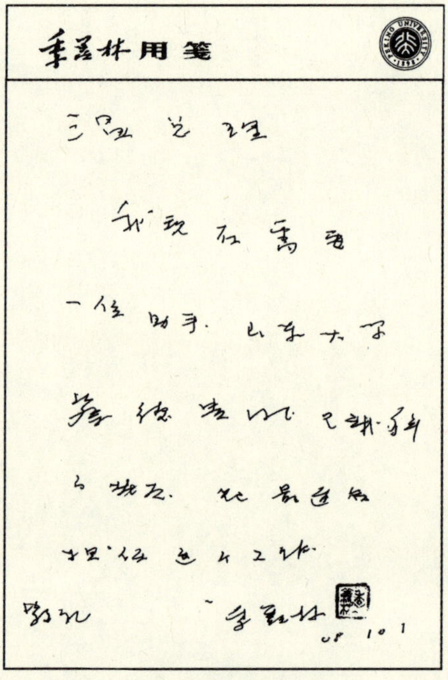
季羡林用笺

温总理

我现在需要一位助手，山东大学蔡德贵同志是我多年的老友，他最适合担任这个工作。

敬礼

季羡林

08.10.1

季羡林书信手迹

致闵维方的信*

闵书记：

经过仔细的考虑，我认为，像我这样什么实际工作都没有的人，有一个所谓秘书，是多此一举之事，建议取消。

季羡林
2008年10月16日

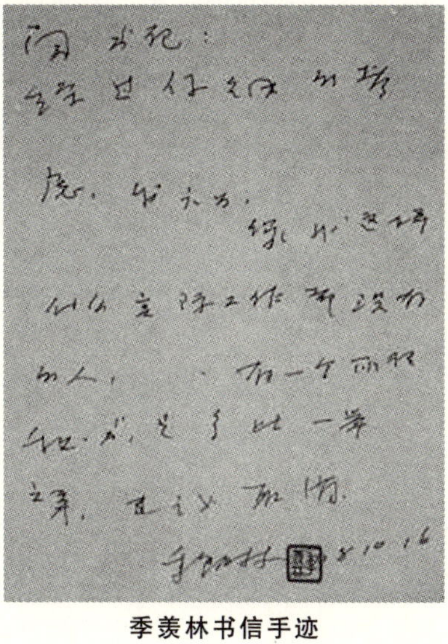
闵书记：
经过仔细的考虑，我认为，像我这样什么实际工作都没有的人，有一个所谓秘书，是多此一举之事，建议取消。
季羡林 08.10.16

季羡林书信手迹

---

* 闵维方，北京大学党委书记。

致李玉洁的信*

玉洁同志：

请你将你保存的我的日记、文稿、书画、钱、礼品等等全部物品，移交给季承、季清二位。谢谢！

季羡林

2008年11月18日

---

* 李玉洁，曾任季羡林的秘书。

致胡守为的信

一

守为同志：

上个月蒙过访，适值我外出开会，未能晤面，非常抱歉。

你走后不久，我就接到饶宗颐先生的信，我考虑到，饶这个人我们必须争取，他在港、台以及印度、美国、法国等地极有影响。你张罗给他出选集的办法是完全正确的，我虽驽钝，亦当竭尽绵薄，共襄盛举。我回信答应写一篇序言，最近又接到他的来信，寄来简历和著述目录。他说，至于选集的目录，你正在选定。我手头有的只是他的《选堂乡村·火林》，这些文章我大体读了一遍。但是我仍然希望知道你立意准备选他的哪一些文章。否则，序言就容易落空。所以请你尽早写信告诉我，亦请告诉我，写序言应该注意的事项，对饶先生的评价应掌握到什么程度。看他来信的口气，你们的关系好像很好，你对他的了解当然比我要强得多了。

即请

近安

季羡林

二

胡蔡姜陈诸同志[①]**：**

在广州时蒙热情款待，高谊隆情，铭感在内。

---

① 指胡守为、蔡鸿生、姜伯勤、陈春声，均中山大学历史系教授。

此次盛会，实取得极大成功，以《柳如是别传》带动国学研究，较之空谈国学效果显著，过去参加学术会议尚无此种先例，此些诸同志运筹帷幄之功，钦佩之至。

参加招待之各位年轻同志，对吾辈老人，热情照顾，关心备至，诸转达我的衷心谢意，中大历史系人丁兴旺，生气勃勃，实为中国大学中历史系重镇之一。前途发展，未可限量。

遵嘱为论文集题写书名，一并寄上。

敬祝

秋安

季羡林

1994年9月1日

贺电贺信及其他

为《外国文学研究》创刊5周年的题词

团结起来，加强协作，把外国文学的研究工作再向前推进一步！

季羡林

1983年6月

致《外国语》创刊十周年的贺词*

我是《外国语》的忠实的读者。创刊十年以来，我几乎每一期都读过。我从里面学习了不少的东西，那是不在话下的。我个人感觉到，在中国的外语界，上外的《外国语》、北外的《外语教学与研究》和广外的《现代外语》，宛如三峰鼎峙，光彩辉映全国。现在，《外国语》十周岁了，我表示衷心的祝贺，祝它长寿。如果说还有什么遗憾的话，那就是，这三个刊物都应该扩大篇幅，增加分量。我想借这个机会谈一谈外语教学总结经验的问题。解放后进行外语教学工作，已经四十年了。同解放前对比一下，会产生什么结论呢？我们有什么样的经验和教训呢？一想到这一些，我头脑里就有矛盾。四十年来，我们在教学计划、教材和教学法三个方面所做的努力，远非解放前所能比。但是成绩怎样呢？我们培养了不少杰出的外语人材，这谁也否定不掉。

季羡林

1989 年 2 月

---

* 载于《外国语（上海外国语大学学报）》1989 年 2 期；全文在《季羡林文集》第 13 卷第 591～592 页。

致华东师范大学关于海外中国学研究中心成立的贺信

欣闻华东师范大学海外中国学研究中心成立，谨致衷心祝贺。我很高兴接受中心的聘请做点工作。上海成立这一机构很有意义，祝愿中心成立以后，不懈努力，扎扎实实开展工作，推动海外中国学研究这一很有意义的事业的开展，为中国文化的振兴和国际学术的交流作出应有的贡献。张岱年教授的贺词说，华东师范大学海外中国学研究中心的成立是很有意义的首创。当今，我们特别需要弘扬祖国优秀的传统文化，同时也要吸收世界文化的优秀部分，加以新的综合创造。这是我们面向21世纪的重大课题。中心可以结合各方面力量，为这一重大课题的建设尽一份力。中心的成立必将在学术界和社会上产生积极的影响。

季羡林

1996年3月

对吴裕成《中国的门文化》的评语*

吴裕成同志寄来他的大作《中国的门文化》的“引言”和目录，我仔细读了。他从门户这样常见的东西中悟出了许多与之相关联的广义的文化现象，是研究中国传统文化的一个新的视角，是过去几乎没有人全面地注意到的新视角。对此，我没有入“门”，我还是一个“门”外汉，我说不出什么意见。谨缀数语，以示祝贺。

季羡林

1997年1月28日

---

* 吴裕成，1952年9月生，山东蓬莱人，1996年毕业于天津师大中文系，现为《今晚报》编辑，中国作家协会会员。

致’98现代汉语语法学国际学术会议的贺词*

中国研究现代汉语的学者，应该根据汉语的实际，运用一般的语言理论，实事求是地找出现代汉语语法的规律，建立我们的语法学。

季羡林

1998年8月

---

* ’98现代汉语语法学国际学术会议1998年8月26日至31日在北京大学举行。会议第一阶段为“第十次现代汉语语法学术讨论会”，这次讨论会也是中国社会科学院语言研究所为纪念《马氏文通》发表一百周年和北京大学百年校庆的系列学术活动之一。会议由中国社会科学院语言研究所现代汉语研究室和《中国语文》编辑部、北京大学中文系、商务印书馆、国家对外汉语教学领导小组办公室、北京语言文化大学《语言教学与研究》编辑部，以及香港城市大学中文、翻译及语言学系和香港大学语言学系等单位共同主办。

致敦煌藏经洞发现一百周年庆祝大会的贺信

各位领导、各位贵宾：

这一次召开的庆祝敦煌藏经洞发现一百周年大会，实为空前盛举。我因年迈龙钟，双目又在不久前动过手术，遵医嘱不许远行，因此不能亲临祝贺，实极愧疚，务请诸位原谅！

由于藏经洞的发现，中国学坛上，以及世界学坛上出现了一门新学科：敦煌学。陈寅恪先生在《敦煌劫余录》序中说道，有人认为“敦煌者，吾国学术之伤心史也”。陈先生说：“寅恪有以知其不然。”他列举了许多没有被外人盗走的敦煌卷子，说我们还大有可为，其说甚辩，颇能鼓舞人心。然而，事实却是，在建国前的半个世纪中，在建国后最初的三十年中，在我国，除了少数学者在敦煌研究方面有所贡献外，敦煌学几乎是一片荒漠。某国一敦煌学者曾大言：“敦煌在中国，敦煌学在某国。”这是咎由自取，怪不得他人。

直至20世纪80年代初，改革开放之风吹绿神州大地，敦煌学，也同别的学科一样，从悠长的寒夜中苏醒过来。正在此时，中国敦煌吐鲁番学会又应时而成立，对鼓吹升平，起了一些作用。于是一批中青敦煌学者，踔厉风发，脱颖而出，在不长的时间内出版了大量有较高学术水平的著作，蜚声中外。事实胜于雄辩，外国同行们不能不刮目相待了。此举实含有雪耻的意味，不仅为敦煌学做出了重大贡献，亦为祖国增光添彩，决不可等闲视之。

在北京召开的一次中国敦煌吐鲁番学会的大会上，我无意中提出了一个口号：“敦煌在中国，敦煌学在世界”。得到了与会的中外学者的同声赞成。以后世界以及中国敦煌学蓬勃发展，证明了我那一个口号的准确性。这一次有众多中外专家学者参加的空前的盛会，也说明了我那一句话算是说到了点子上。

在这次大会上表扬了十位对敦煌学有贡献的学者，中外都有，我有幸滥竽其中，既感且愧。我对于敦煌学贡献不大。如果真有的话，也不过是啦啦队中的一个成员而已。我把这一个崇高的荣誉看做一个鼓励和鞭策。我虽已年届九旬，但身体尚称顽健，脑筋还难得糊涂，做啦啦队员，尚有资格。古人诗云："天意怜幽草，人间重晚晴。"我一定竭尽绵薄，为敦煌学的发展尽上自己所能尽到的责任。敦煌学在中国，在全世界一定会有无量光辉的前途。

季羡林

2000 年 6 月 30 日

致徐德江先生的贺信*

德江先生：

随着中国国际地位的提高，汉字在国际上的地位也日益提高。对婴幼儿科学地进行汉字教育，已是目前当务之急。先生主持召开的“首届国际婴幼儿科学汉字教育学术研讨会”，实为一场“当春乃发生”的“及时雨”。恭祝大会圆满成功！

我因出院不久，遵医嘱，严格限制活动，不能亲临祝贺，务请原谅。

即请

近安

季羡林

2000年6月14日

---

* 由中国优生优育协会主办、中国优生优育协会婴幼儿科学汉字教育工作委员会承办的“首届国际婴幼儿科学汉字教育学术研讨会”于2000年6月15日至18日在北京召开。季羡林写信表示祝贺。徐德江为中国优生优育协会婴幼儿科学汉字教育工作委员会主任委员。

致纪晓岚故居整修的贺信

祝贺纪晓岚故居开工整修。这将给北京这一座文化名城增一文化景点。这也是对2008年奥运做的一个有意义的贡献。

季羡林

2001年10月8日

致山东大学历史文化学院的贺词*

山东大学历史文化学院王育际教授：

顷闻贵院创建历史语言研究所，不胜欣喜。我因身体原因，遵医嘱须在家静养，不能回到家乡躬逢盛典，甚以为憾。特请柴剑虹同志代我及中国敦煌吐鲁番学会致深表祝贺之辞，并转达我对与会诸君的问候。新世纪伊始，在具有百年历史，具有中华经史之学优良治学传统的山东大学成立历史语言研究所，自然不同凡响。最近几年以来，我不厌其烦地提出这样一个观点：文化交流是推动人类社会前进的重要动力之一。这一点好像还没有人反对，因为我们正处于文化大交流的新时期。既是交流，就要拿来，又要送去。拿、送的也当然应该是好的、有用的东西，做不到百分之百的精华，也不能是糟粕，当然更不能是毒素。这首先就要求我们的国人（尤其是青年）应当了解、学习、继承、发扬中华民族优秀的传统文化，避免使交流变成“独流”或“浊流”。近些年来，针对文化交流走向变化的现实，我还讲了“三十年河东，三十年河西”的规律，对此学界有不同意见展开讨论。我的基本出发点是在人类面临生存危机之时，我们应该利用东方文化，特别是中国文化的精粹思想、“天人合一”的思想，以济西方文化之穷。此方是否灵验，可待实践检验之。依我看来，贵院历史语言研究所的建立，可谓适逢其时。当然，今天的研究所，是新时代、新背景、新条件下的研究机构，既有“沿”，更有“革”，而决非上个世纪三四十年代中研院史语所的“克隆”。这一点，你们的创立宗旨写得很明白，我完全赞同。最后，用一句套话，当然也是发自肺腑之言：祝你们的事业兴旺发达！

季羡林

2002年10月18日

---

* 2002年10月山东大学历史文化学院创办历史语言研究所，季羡林发去贺词。

致陕西西安凤翔法门寺的贺词

陕西西安凤翔法门寺，有千年古塔一座，年久倒塌，下面露出地宫，中藏唐代古物甚多，如来指骨舍利即在其中。初发掘时我曾陪同赵朴初居士前往鉴定，的确是稀世之宝。现在运往台湾瞻仰，大有益于海峡两岸人民之相互理解。

季羡林

2002 年 2 月 2 日

致第二届房山石经文化研讨会的贺信*

房山石经文化研讨会会务组：

欣闻第二届房山石经文化研讨会即将在云居寺举行，倍感高兴。我因身体原因，遵医嘱不能亲赴云居胜地与各位交流切磋，深以为憾。特请中国敦煌吐鲁番学会秘书长柴剑虹、徐自强同志转达我对研讨会的祝贺和对与会代表的问候及敬意。云居寺石经是我们祖国珍贵的文化遗产，蕴涵着极其丰富的文化内涵。云居寺辽金石经已经重新面世45年，虽然我们已在它的保护、研究上取得了许多成绩，但我要说这还远远不够，尤其是在我们为北京举办2008年奥运会而大力倡导“人文奥运”的今天，全面、深入地发掘云居寺石经的人文价值，是房山石经研究会义不容辞的职责。我坚信在与会代表的共同努力下，这次研讨会一定会取得令人鼓舞的成果！祝你们工作顺利，祝全体代表身体健康！

季羡林

2002年8月1日

---

* 本文为北京市文化发展基金会特邀理事、石经研究会会长季羡林先生，写给第二届房山石经文化研讨会的贺词。

为聊城大学揭牌的题词

聊城为鲁西文化重镇，艺文昌明，才俊辈出，历千百年，至今未衰。聊城大学之成立，诚所谓顺乎天理，应乎人情之盛举。行将见桃李遍鲁西，文风满山左，流风余韵普及神州矣。为鲁西庆，为山东庆，为祖国庆！

祝贺聊城大学成立。

季羡林

2002年5月

致《现代汉语词典》（汉英双语）专家研讨会的贺信

各位同志：

大家好！

值《现代汉语词典》（汉英双语）出版研讨会召开之际，我以个人的名义对会议的召开表示衷心的祝贺！

我首先要说的是，外研社又办了一件大好事。为什么说“又一件大好事”呢？因为我在1995年8月30日参加过外研社组织的新版《大英汉词典》出版研讨会，当时我给予那本词典最高的评价，说外研社办了一件大好事。时隔近八年之久，期间没太过问外研社的发展，也不清楚外研社是否还办了其他更多更大的好事（我相信一定是有的）。直到前两天，外研社工作人员把《现代汉语词典》（汉英双语）送到我手中，仔细翻看之后，我有了一种久违的感觉，一部好书啊！为什么不说上两句？所以，我今天要说，外研社又出了一本好书，又办了一件大好事！

还没来得及使用本书，对具体内容和形式就不想作评价了。这里仅仅从一个语言文化和教育研究工作者的经历，说说自己的一点点感想。《现代汉语词典》我是熟悉的，它是汉语辞书发展史上的一部重要著作，具有特殊的地位，在促进汉语规范化方面起到了重大的作用。其实，多年以前，我和几个老教授就曾有这样的想法和愿望，希望将它翻译成英文，一方面来自于我们工作使用的需要，另一方面也想借此促进中外文化的沟通和交流。今天，外研社把我们想做而又未做成的事完成了，出版了《现代汉语词典》（汉英双语），这是我国汉外类词典出版业的一件大事，完成了我们多年的夙愿。

我相信，当今正在学习英语的成千上万的学生、从事教学的老师、广大的翻译工作者、文字工作者、国际文化交流工作者，以及从事中英文信息处理和语言工程的人，都能从这部双语本中获得益处。有了这么好的出版物，我们的学生、教育工作者和文字工作者应该感到欣慰，有了它的帮助，大家可以把学习和工作做得更好。最后，让我再一次祝贺《现代汉语词典》（汉英双语）的出版，也祝本次研讨会取得圆满成功！

季羡林

2003年2月21日

致中国人文教育高层论坛的贺词

东南大学请我去参加中国人文教育高层论坛的有关会议，我十分感谢。我现在还在医院里，医生不允许我外出，我不能到东南大学参加盛会，但我要委托张岂之教授带去我的讲话。1993 年 2 月 17 日我写了一篇回忆性质的文章，题名《我的心是一面镜子》。最后一段是这样写的：只有一点我是有信心的，21 世纪将是中国文化（东方文化的核心）复兴的时期。

现在世界上出现了许多影响人类生存前途的弊端，比如说人口爆炸、大自然被污染、生态平衡被破坏、粮食生产有限、淡水资源缺乏等等。这只有中国文化能克服，这就是我最后的信念。现在 2003 年我还是这样看的。从这样的信念出发，我很赞成开展大学文化素质教育，很赞成引导大学生读一点中外文化名著，首先是中国文化名著，我向参与此项工作的老师们表示敬意。感谢东南大学对我的邀请，我祝此次会议开得圆满成功。谢谢！

季羡林

2003 年 11 月

致北京大学校刊创刊五十周年的贺信

很高兴看到，北京大学校刊在这个金秋时节迎来了50年纪念，可喜可贺。近半个世纪，我目睹了它在传播新思想、新文化以及在学校整体宣传工作中所起的重要作用。

希望校刊发扬光荣传统，在新世纪为北大的发展做出更大的贡献。

季羡林

2003年10月10日

女书申报世界记忆遗产推荐书

女书作为一种在旧制度下，被剥夺了学习文化的权利的民间普通劳动妇女，运用自己独特的才识，创造出来的女性专用文字，实在是中国人民伟大精神的表现，足以惊天地，泣鬼神。这种女书文献以及相关的文化，具有语言文字学、人类学、社会学、民俗学、历史学、文学等多学科价值；其社会功能，至今为现代文明所运用。目前只有一个半自然传人（阳焕宜 1909 出生、何艳新 1940 出生），濒临灭绝。这是人类的宝贵遗产，完全符合联合国教科文组织《世界记忆遗产》所要求的各项条件。因敢竭诚推荐。

北京大学教授　季羡林

2004 年 4 月 30 日

致中国西藏文化保护与发展协会成立大会的贺信*

我对中国西藏文化保护与发展协会成立表示热烈的祝贺，向出席成立大会的各方面朋友表示亲切的问候。

西藏是我们国家一块宝地，自然景观雄奇，文化遗产丰富。虽然由于各种原因，我多次错失了去西藏的机会，但是由于我长期从事梵文研究，对西藏怀有特殊的感情。西藏有许多珍贵的梵文资料，有许多绚丽的文化瑰宝，使我深感中华文化的博大精深。我们一定要保护和发展好包括西藏文化在内的中国各民族的文化。

中国西藏文化保护与发展协会的成立是文化领域的一件大事，而文化事业的兴盛是一个国家走向兴旺的重要标志。我坚信，21 世纪中华民族的腾飞是谁也阻挡不了的。

虽然由于身体原因不能参加协会成立的活动，但今天我同大家一样充满喜悦之情。我衷心祝愿中国西藏文化保护与发展协会成立大会圆满成功，祝愿中国西藏文化保护与发展协会为中华民族的腾飞作出新的贡献。

季羡林

2004 年 6 月 2 日

---

* 中国西藏文化保护与发展协会 2004 年 6 月 21 日在北京成立，季羡林因此写了这封贺信。

致中国翻译协会的贺词

中国翻译工作者协会、各位参加中国译协理事会会议的代表们：

欣闻中国译协第五届全国理事会会议在北京举行，我谨向大会表示热烈的祝贺。

尽管我不能到会，但作为学界的一个老兵，想到翻译，我感慨良多。在人类历史发展的长河中，在世界多元文化的交流、融会与碰撞中，在中华民族伟大复兴的进程中，翻译始终都起着不可或缺的先导作用。

对外开放二十多年来中国的翻译事业更是取得了世人瞩目的成就，中国的翻译学术研究和翻译学科建设也有了长足的发展。翻译使中国融入世界，也使世界走近中国。学翻译、教翻译、研究翻译、评论翻译、从事翻译职业工作已经成为与对外开放同步前行的社会文化热点之一。中国译协作为全国性的翻译学术团体，在其中发挥了不可替代的组织协调作用，中国翻译工作者的努力和成果有目共睹。

新世纪是你们的世纪，在面临众多机遇的同时也许会碰到更严峻的挑战。衷心希望大家能够继往开来，与时俱进，为促进中外交流、为中国的兴旺、为人类的发展多做贡献。

祝大会取得圆满成功！

季羡林

2004 年 11 月 4 日

致在新疆库车召开的龟兹学国际学术研讨会的贺信

新疆龟兹学会：

听说本月下旬要在库车举行龟兹学国际学术研讨会，我虽然不能躬逢盛会，仍然心向往之，兴奋不已。这不仅是因为我与龟兹学有缘，写过几篇论文，前几年还欣然领命撰写《龟兹佛教史》，而且也更为龟兹学日益受到重视、研究队伍不断壮大而深感欣慰。

20年前我在新疆就敦煌吐鲁番学的研究说过两句成语，一是"方兴未艾"，二是"任重道远"。20年来我们的研究成果令世人瞩目，但这两句话并未过时。龟兹学的课题，无论微观、宏观，都呈现出不穷之态，而且有许多是中国学界的弱项。我们只有在各级领导部门的支持下，齐心合力，团结奋斗，方能逐一攻克，以无愧于我们这个时代。

祝研讨会圆满成功，祝各位代表身体健康，祝龟兹学会蒸蒸日上！

季羡林
2005年8月15日于北京

致欧阳予倩艺术论坛的贺信*

欧阳予倩先生是我国20世纪最杰出的戏曲教育家、理论家与剧作家，也是一位优秀的京剧、话剧艺术表演家。在近半个世纪里，他以自己孜孜不倦的、充满创新精神的艺术与创作实践，为我国的戏曲革新与戏曲理论研究做出了巨大贡献。他精心塑造的戏曲舞台人物形象至今还栩栩如生地活跃在人们心中，他撰写的《唐代舞蹈·总论》至今依然是学者研究敦煌壁画、文献中舞蹈艺术必读的指导之作。他是中国戏曲史上极其罕见的集学者、演员、剧作家、理论家、教育家与社会活动家于一身的堪称通才大家的典范人物，其道德风范、文化素养、创新精神、领导才干，对今天文化艺术界的人材培养与队伍建设有着积极的启示和促进作用。我们坚信，通过这次艺术论坛的成功举办，不但可以更好地向世人展示天津市艺术研究所，特别是天津市艺术史研究会、天津发展舞蹈艺术研究中心的工作成果，而且一定能够对新时期我国戏曲史、舞蹈史等诸多学科的发展起到积极的推进作用。

季羡林

2005年10月

---

* 欧阳予倩（1889～1962），我国20世纪戏曲教育家，电影艺术家，中国现代话剧创始人之一。欧阳予倩艺术论坛于2005年10月在天津博物馆召开。

致北京论坛（2005）的贺信

北京论坛（2005）组委会各位海内外学术界的朋友们：

欣闻北京论坛（2005）隆重开幕，心情十分激动。论坛以“文明的和谐与共同繁荣”为主题，这是我所赞同的。

我历来主张，以分析为基础的西方文明和以综合为基础的东方文明之间，应该取长补短、互相融合、和谐发展、共同繁荣。今天人类社会遇到了很多难题，就必须东西方文明互相学习，互相借鉴经济发展模式和思维方式，把人类文明的发展推上一个更高的阶段。

恩格斯的一段话很值得我们学习思考：“我们不要过分陶醉于我们对大自然的胜利。因为，每一次这样的胜利，大自然都对我们做出了报复。”

学术研究是文明的重要载体，学者则承担着传承文明、创造新文明的伟大使命。来自各个国家和地区的学者聚会在北京，开展交流与对话，必将为人类文明的发展作出新的贡献。因为老病，我不能躬逢其盛，实在感到非常遗憾，但我的心，永远和大家在一起！祝愿北京论坛圆满成功！

季羡林

2005年11月15日

致《群言》创刊二十周年的贺信*

热烈祝贺《群言》创刊二十周年！

在这一段不算短的时间内，《群言》歌颂了政通人和、海晏河清的社会，对促进社会和谐也做了不少有益的工作。在这里面，你们付出了很大的劳动，我们大家都应该感谢你们，祝你们继续努力下去！

庆贺并回顾《群言》20周年，我最深刻的感受是责任。

在民盟这个大家庭里，我是一个晚辈。在我的成长与个人经历中，许许多多民盟前辈和长者，都让我高山仰止，是我行为与行动的楷模，其中就有创办和活跃在《群言》的学者。在我深感肩上的重担和责任与挑战的时候，他们的学识气韵、人格操守，无声无息、点点滴滴浸润、影响着我的工作态度，净化着我的心灵。我庆幸从幼至今一直感受着民盟优良传统的熏陶，更庆幸遇到了千载难逢的盛世。

季羡林

2005年7月

---

* 2005年7月，《群言》创刊二十周年，卧病在床的季羡林先生，提前一天送来了他的祝贺。

致吐鲁番学国际学术研讨会的贺电*

新疆吐鲁番地区文物局：

欣闻8月下旬将在吐鲁番市举办“吐鲁番学国际学术研讨会”并宣布成立吐鲁番学研究院，我衷心为之高兴！1988年8月20日我在北京举行的敦煌吐鲁番学术讨论会开幕式上提出：“敦煌吐鲁番在中国，敦煌吐鲁番学在全世界。”我又在25日的闭幕式上说：“我的提法是基于这样一种认识：世界上任何一门学科都不是孤立的，关起门来是干不好的。敦煌吐鲁番学也不能例外。”我的话有幸得到中外学界的一致的赞同。今天，你们用自己出色的研究与组织工作证明了这一点。我个人毫不怀疑，吐鲁番学研究院的成立和真正开放式的吐鲁番学资料库的建立，将是我们这门学科发展史上新的里程碑。中国敦煌吐鲁番学从成立的那一天起，就开始为在新疆建立吐鲁番学资料中心而鼓吹、努力。如今，我这个老拉拉队员在有生之年终于得见其付诸实施，岂能不为之鼓掌欢呼？祝你们的研讨会圆满成功，代表们诸事顺利！祝吐鲁番学研究院蒸蒸日上！

季羡林

2005年8月

---

* 中国新疆吐鲁番学第二届国际学术讨论会2005年8月26日在吐鲁番召开，季羡林发来贺电。

致中国翻译协会的贺信*

中国翻译协会：

欣悉中国译协取得2008年第18届世界翻译大会的主办权，这充分体现了国际译界对中国翻译界发展的关注和认可，可喜可贺！同时我也备感欣慰，由此深切感受到了中国翻译工作者的努力和进取，感受到了中国翻译事业的希望和未来。

季羡林

2005年8月4日

* 2005年8月4日，中国翻译协会名誉会长、著名学者季羡林先生在获悉中国译协成功申办2008年第18届世界翻译大会的消息后，专门发来贺信表示祝贺。

为民间家书系列图书所写的推荐语*

抢救民间家书，就是传承家书文化，守护亲情家园，用亲情的力量维系家庭的和谐，共建和谐社会。

季羡林

2005 年 12 月

* 民间家书系列图书由新华出版社自 2006 年 1 月 1 日起陆续出版。季先生写了推荐语，并题写了第一辑《家书抵万金》书名。

致北京大学书法艺术研究所《书法中国》创刊的贺词

祝贺北京大学书法艺术研究所《书法中国》创刊。

北大有悠久的人文传统和丰富的文化资源，如果能在书法等艺术审美教育方面推进一步的话，将使北大的文、理、艺术学科得到全面的整合，这是北大建成世界一流大学的重要基础。北大《书法中国》刊物的创刊，将使北大人文精神在更广泛层面上弘扬光大，同时，还将使综合型大学更具有精神魅力和人文活力。

季羡林

2006 年 2 月 18 日

致北大书法研究生班作品展的贺信

北京大学有悠久的人文传统和丰富的文化资源，如今在书法艺术审美教育方面又推进了一步，无疑将使北大的文、理、艺术学科得到全面的整合，从而促使北大早日建成世界一流大学。北大首届书法研究生班作品展在首都博物馆的成功举办，将使北大人文精神在更广泛的社会层面上弘扬光大。今后这种注重文化精神魅力的书法展持续举办下去，无疑将使北大在科学民主精神之中增添新的精神魅力和人文活力。

祝贺北京大学首届书法研究生班作品展获得成功!

季羡林

2006 年 4 月 16 日

致山东大学和邹城市人民政府的贺电*

山东大学儒学研究中心、邹城市人民政府：

邹鲁灵秀，圣人桑梓之邦。2006 国际儒学论坛于兹设会，商议学术，茂茂多士集焉。谨致贺。

孔子之后，儒分八派。孟学，儒之醇乎醇者也。承三代汤武文周公孔子之德，启韩愈宋明诸儒道学，千百年来影响中国及世界巨然。际此国家倡导和谐，新立荣辱观念，学者集会圣人故里，纪念圣诞，批判往哲，处身亲亲长长和风，仔细培养中华正气，使浩然充塞天地，意义特殊。宋明之后，发掘孟学，与时进化，诸公再尽力，懋绩维嘉。如我耄耋，他日省归返鲁，见乡邦文教各得其所，廓如醇如新如，不当永念诸公茂庸？再谨致贺。

北京大学　季羡林

2006 年 4 月

---

* 2006 年 4 月 26 日，由山东大学与邹城市人民政府共同举办的儒学全球论坛（2006）孟子思想的当代价值国际学术研讨会，在邹城市召开。季先生致电祝贺。

致庆祝《夜光杯》创刊60周年的贺信*

人有人格，报纸也有报格。我生平接触过的报纸，颇能数出一些，北京、天津、济南、上海都有。以报格而言，我认为《夜光杯》应该是头名状元。第一，它通俗而不流俗；第二，它总是讲真话，不吹牛拍马，不阿谀奉承。读了《夜光杯》以后，人总是精神向上，决不会消沉。一些为人处世的基本道理，在不知不觉中就流入读者心中；一些比较深奥的道理，也可以用让人容易懂的文句表达出来。我能成为《夜光杯》的读者和作者，是使我感到光荣的事情。

季羡林

2006年5月

---

* 《夜光杯》为《新民晚报》副刊，创刊于1946年5月1日。

致中国藏学研究中心成立二十周年的贺词*

在中国藏学研究中心成立二十周年之际，谨向藏研中心全体同仁表示祝贺！对藏研中心二十年来在藏学领域中取得的丰硕研究成果表示祝贺！衷心希望藏研中心能在新的起点上，勇于创新，不断前进，推动藏学事业繁荣发展。

季羡林

2006年5月18日

* 中国藏学研究中心1986年5月20日在北京成立。2006年5月在其成立二十周年之际，季先生写了这篇贺词。

致杭州首届国际因明学学术研讨会的贺信

因明学是一个冷门学科，研究它既没名也没利。现在有人为此奔波，热心推动这门学科的研究，很不容易，我非常高兴！因明再不抓就完蛋了。如果允许，我真想飞到杭州参加会议，可惜我在住院。你们开会推动因明学研究是很有意义的，祝你们的研讨会圆满成功！

季羡林

2006 年 6 月

致“重走唐僧西行路”活动的贺词*

鲁迅先生称“舍身求法”的人为中国的脊梁。玄奘西行求法表现出中国文化中那种坚毅不拔的精神和面对世界的眼光。玄奘作为中华民族的脊梁为中印文化交流作出了杰出的贡献。“2006 中印友好年”将使世界重新认识玄奘精神和文化传承的巨大历史遗产。“重走唐僧西行路”将使新世界“文化拿来”和“文化输出”成为人类文化平等交流的重要方式。

愿世纪充满爱与和平。

祝贺“重走唐僧西行路”获得成功。

季羡林

2006 年 7 月

---

* 2006 年 7 月 19 至 11 月 20 日，重走唐僧西行路的国际文化交流活动，由中国人民对外友好协会、中国佛教协会、中国玄奘研究中心主办。

致“转型期的敦煌学——继承与发展”国际学术研讨会的贺词

欣闻“转型期的敦煌学——继承与发展”国际学术研讨会即将在南京师大隆重举行，我因身体原因不便出户，无法躬逢盛会，半月前听剑虹同志面陈详情，不禁心向往之，喜上眉梢。近几年来，世界各国的敦煌学研究工作，在敦煌学国际联络委员会的精心组织、协调、指导下，开展得扎实有效。我们中国敦煌吐鲁番学会的众多后起之秀，也齐心合力，与日俱进，取得了令世人瞩目的成绩。敦煌学百年历程，是一场万千学人投身学术新潮流的接力赛跑，后浪推前浪，新人追老人，而今提出以继承与发展为主题的创新与转型，我认为正是适逢其时，所以举双手赞成。

季羡林

2006 年 9 月

致深圳大学印度节的贺词

在过去几千年中，中国翻译了大量的佛教典籍，中华文化之所以能久盛不衰，与吸收佛教文化的精华，是分不开的。但是我个人认为，中国高僧翻译之功勤，而研究则没能跟上，现在，虽已时过境迁，但研究仍有其重要性。

祝深圳大学佛教学研究不断取得胜利。

季羡林

2006年10月

致济南一师附小的信

母校济南一师附小全体师生员工：

张老师来，给我带来了平生少有的快乐，也把我带回到将近一百年前去。

我在母校学习的时间比较短。但是我对母校的感激和回忆永远是甜美的，这种感觉会化为动力，永远前进。

祝母校日益发展壮大。

季羡林

2007年10月23日

致第三届龟兹学学术研讨会的贺信*

作为古代丝绸之路重要门户的龟兹，是中西、中印文化学术交流最活跃的地区之一，四大文明交汇，各种宗教兼容，留下了极为丰富的历史古迹与文物遗存，也提出了许多有意义的研究课题。将现代文化理念和历史文化传统结合起来研究龟兹学，对科学地开发西部，繁荣经济，推进文化，构建和谐社会，有不可忽视的作用。

季羡林

2007 年 8 月

* 此贺信为 2007 年 8 月 15 日至 19 日在新疆阿克苏召开的第三届龟兹学学术研讨会而作。

致北大国学研究院成立十五周年的贺信*

袁院长、各位学者：

热诚祝贺北大国学研究院成立十五周年。

国学，实际上是中华文化的同义词。

有几千年传统的中国文化，现在日益为全世界所重视，各国孔子学院的建立，可以充分证明这件事。

现在我们的任务，用一句常用的话来表达就是任重而道远。

作为全国最高学府的北京大学，本身就是中国文化的一部分，我们当仁不让。但是，我们却不能（用）陈陈相因的老办法来研究，我们必须认清新形势，提出新办法，使中国文化能在当今错综复杂的世界上真能闪耀出新的光辉。和谐，这一伟大的思想，实际上是中华文化的一个基本组成部分，又是同西方的征服自然的思想相对峙、相抗衡而发展的。试把中国张载的“民，吾同胞；物，吾与也”的思想，同西方的所谓进化论的思想“物竞天择，适者生存”，摆在一起来看，其高下，其深浅，真有天渊之别。

但是我们切戒自满，我们必须有创新的精神。中国古人所说的“满招损，谦受益”必须成为我们的座右铭。

季羡林

2007 年 6 月 16 日

---

* 据《光明日报》2007 年 6 月 18 日报道，6 月 16 日，国学大师季羡林发贺信，庆祝北京大学国学研究院成立十五周年。

致灵山书院的贺信*

灵山书院的各位同仁：

今天是灵山书院开幕的大喜日子。这在中国当代学术史上，特别是在佛学研究史上，是一件大好事。我对此表示诚挚的祝贺！

在世界文化交流的历史上，佛教传入中国是一件了不起的大事。佛教的发源地本是印度和尼泊尔，但今天的印度，佛教已几近绝迹。幸好在二千年前，佛教东传，进入中国，碰到了天时地利人和，得以兴盛发达，绵延至今。

佛教在中国，逐渐和中国固有之文化相结合。在两千年的发展过程中，佛教从一个外来的宗教，衍变为几乎像是在中国土生土长的一样。到今天，佛教已经是中国文化不可或缺的组成部分。我们无法想象也不敢想象，如果没有佛教的传入，今天的中国文化会是什么样子。

自古以来，中国就有研究佛学的传统，到了近代日益发扬光大。我们今天尝到了和谐社会的好处，而佛教教义本身也是强调和谐的。所以，今天研究佛学不但有学术意义，还有现实意义。希望各位同仁，认真承担起研究佛学这个承前启后的担子，衷心祝愿灵山书院蒸蒸日上，越办越好！

季羡林

2007年10月23日

---

* 灵山书院，位于江苏无锡，成立于2007年10月28日，是一个集文化研究、培训咨询、项目开发、出版发行、禅修研习等为一体的开放性、公益性研发机构，是一个进行当代佛教文化发展、佛教与社会、佛教文化与当代中国精神文明建设等重大课题的研讨，进行佛教文化艺术领域的创作、创新的佛教文化研究与交流中心。

为老友圣严法师圆寂亲撰的唁电*

惊悉老友圣严法师圆寂，实深悲悼，谨电致唁。

季羡林
2009年2月5日下午4点
于北京

* 2009年2月5日上午，护工岳爱英给季羡林先生读了有关台湾圣严法师圆寂的新闻，2月5日下午，在蔡德贵去做口述历史时，季老为老友的圆寂坚持亲自撰文，发送唁电。圣严法师(1930～2009)，台湾佛教弘法大师，法鼓山创办人。

致第二届世界佛教论坛的贺词*

和谐世界，众缘和合，
人间和美，天下大同。

祝贺第二届世界佛教论坛隆重开幕，祝大会圆满吉祥。

季羡林
2009 年 3 月 22 日

* 第二届世界佛教论坛，于 2009 年 3 月 28 日在江苏无锡开幕，4 月 10 日在台北闭幕。世界上 50 个国家佛教界高僧、中外政要、学者专家等两千多人参加。由中国佛教协会、国际佛光会、香港佛教联合会和中华崇教文化交流协会共同主办。